体育课程设计与教学模式创新研究

刘满 孟嘉 ◎著

中国书籍出版社
China Book Press

图书在版编目(CIP)数据

体育课程设计与教学模式创新研究 / 刘满, 孟嘉著. -- 北京 : 中国书籍出版社, 2024.5
ISBN 978-7-5068-9887-4

Ⅰ. ①体… Ⅱ. ①刘… ②孟… Ⅲ. ①体育课 – 课程设计 – 教学模式 – 研究 – 中国 Ⅳ. ① G807.01

中国国家版本馆 CIP 数据核字（2024）第 101130 号

体育课程设计与教学模式创新研究

刘　满　孟　嘉　著

丛书策划	谭　鹏　武　斌
责任编辑	李　新
责任印制	孙马飞　马　芝
封面设计	博健文化
出版发行	中国书籍出版社
地　　址	北京市丰台区三路居路 97 号（邮编：100073）
电　　话	（010）52257143（总编室）　（010）52257140（发行部）
电子邮箱	eo@chinabp.com.cn
经　　销	全国新华书店
印　　厂	三河市德贤弘印务有限公司
开　　本	710 毫米 × 1000 毫米　1/16
字　　数	220 千字
印　　张	12.25
版　　次	2025 年 1 月第 1 版
印　　次	2025 年 1 月第 1 次印刷
书　　号	ISBN 978-7-5068-9887-4
定　　价	80.00 元

版权所有　翻印必究

目 录

第一章　体育课程设计概论 …………………………………………… 1
　　第一节　体育课程概论 ……………………………………………… 1
　　第二节　体育课程设计的理论基础 ………………………………… 4
　　第三节　体育课程设计的原则与程序 ……………………………… 8
　　第四节　体育课程设计的要素分析 ………………………………… 12

第二章　体育课程设计的要点与创新 ………………………………… 17
　　第一节　体育课程资源的开发利用 ………………………………… 17
　　第二节　体育校本课程的开发设计 ………………………………… 28
　　第三节　体育精品课程设计 ………………………………………… 36
　　第四节　体育课程思政建设 ………………………………………… 44
　　第五节　基于学科核心素养的体育课程设计 ……………………… 66

第三章　体育课程教学设计的系统分析 ……………………………… 72
　　第一节　体育课程教学及其设计的基础理论 ……………………… 72
　　第二节　体育课程教学目标设计 …………………………………… 89
　　第三节　体育课程教学内容的编排 ………………………………… 96
　　第四节　体育课程教学方法的设计与选用 ………………………… 101
　　第五节　体育课程教学的科学组织 ………………………………… 109
　　第六节　体育课程教学评价体系设计 ……………………………… 112

第四章　现代信息技术下的体育课程教学设计 ……………………… 115
　　第一节　信息化教学理念 …………………………………………… 115
　　第二节　信息化教学设计在体育课程教学中的应用 ……………… 121
　　第三节　体育网络课程教学设计 …………………………………… 123

第四节　体育课程教学智能评价系统设计……………………132
　　第五节　学生网络自主学习系统设计…………………………133
第五章　体育课程教学模式设计与现状分析……………………139
　　第一节　体育课程教学模式的概念、分类与特点 ……………139
　　第二节　体育课程教学模式的科学构建………………………142
　　第三节　常见体育课程教学模式的设计与应用………………150
　　第四节　当前学校体育课程教学模式的现状与反思…………155
第六章　新时期体育课程教学模式的改革与创新………………165
　　第一节　抓住课堂——推动体育课堂教学模式的优化与改革…165
　　第二节　朋辈促进——构建小组合作教学模式………………171
　　第三节　丰富课外——创建丰富多彩的课外体育教学模式…174
　　第四节　文化传承——探索传统体育教学模式………………179
参考文献………………………………………………………………184

第一章　体育课程设计概论

随着学校体育的不断发展,体育课程建设越来越受重视。因而,新课标中将体育课程设计视作一个关键环节,只有不断提高体育课程设计标准和水平,才能促进新课标的不断完善,促进体育课程的顺利实施,保证课程实施的良好效果,最终促进青少年学生体质增强和健康成长。本章主要对体育课程及其设计的基础理论进行分析,主要内容包括体育课程概论、体育课程设计的理论基础、设计原则与程序以及设计要素分析。

第一节　体育课程概论

一、体育课程的概念

作为学校课程的一个重要分支,体育课程与其他学科课程的概念存在本质上的不同。关于体育课程的概念,国内外学者提出了不同的观点,下面是比较具有代表性的观点。

第一,体育课程是一种特殊的教育性课程,主要目的是发展学生体能,增强学生体质,提高学生健康水平。体育课程作为学校课程的分支,与学校课程中的其他部分,如劳动教育课程、智育课程、德育课程及美育课程相辅相成,共同促进学生德、智、体、美、劳全面发展。

第二,体育课程是指为实现学校教育目标而规定的体育内容及其结构、程度和进程。体育课程既包括体育课程目标、体育课程内容、体育课程实施、体育课程评价等要素,也包括课外体育活动等延伸性内容。体育课程是全面发展教育类课程,而不是简单的学科类课程。

第三,体育课程是一种特殊课程,以发展学生体能、培养学生健康的身心素质为主要任务,与德育、智育、美育、劳动教育等共同构成学校全面教育,实现学校教育目标。

第四,体育课程是在学校开展的有计划、有组织的体育教育活动,通过该活动,旨在促进学生在身心健康、运动认知与技能、情感与社会适应等方面获得全面发展。

第五,体育课程是依据学校体育教育目标而选择的所有体育教育内容的总和。这里的体育教育内容不仅包括体育课堂上的教学内容,还包括课外开展的有计划性、组织性的活动内容,如日常课外体育活动、体育运动竞赛、体育社团活动等。

二、体育课程的特点

体育课程与学校其他课程相比,具有自身的独特性和重要性。其主要特点包括整体性、实践性、社会性、差异性、复合性和非阶梯性。

(一)整体性

体育课程具有整体性,主要是指课内与课外的统一。体育课程不仅包括课堂教学,还包括课外延伸,只有将课堂教学与课外活动有机结合起来,才能实现课程目标、提高课程实施效果。

(二)实践性

体育课程必须通过身体实践活动,承受适量的运动负荷,以促进身体器官、机能的发展,提高身体素质;通过实践活动掌握体育的知识、技能,培养对体育的兴趣及团队精神,合作精神等,逐步培养自觉锻炼的良好习惯。

(三)社会性

体育教学过程中自然会形成小集体、小社会,随时会出现如何适应"社会"的问题。

（四）差异性

体育教学受学生身体条件和性别的制约较之其他课程更为明显,更要讲究因人而异、因材施教,而且地理、气候、办学条件、体育传统等因素对课程的影响,也比室内教学为主的课程更为明显。

（五）复合性

体育课程融知识、技能、身体、精神及社会适应能力的培养于一体,既要提高身体素质,又要提高智商,这与其他课程相比也具有鲜明的特色。

（六）非阶梯性

体育课程的许多内容和手段在教学安排上没有明显的阶梯性,本身很难分出先后顺序,这一点与其他一些课程有很大不同。因此,体育课程体系必须从小学到大学进行通盘考虑,以免顾此失彼。

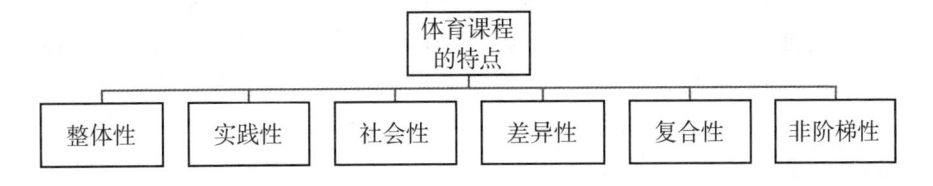

图 1-1　体育课程的特点

三、关于体育课程与体育教学的关系的探讨

关于体育课程与体育教学的关系,由于二者词义上的模糊,至今没有比较一致的见解。归纳起来,主要有以下观点:

（一）观点一:体育教学包含体育课程

该观点认为体育课程是学校体育教育及本科教材,它是教学内容的完整体系,不是指某一项具体体育教学内容。体育课程是体育教学的前

提条件,是体育教学任务的具体体现,是对体育教学的目标、方法进行规划,是为体育教学活动服务的。同时,体育课程本身只是一种计划,只有在教学中才能得以实现。

(二)观点二:体育课程包含体育教学

该观点认为教学只不过是课程的一个组成部分而已。现代课程论的奠基人泰勒在其代表作《课程与教学的基本原理》中,提出课程原理要研究四个问题:学校应该试图达到哪些教育目标?学校提供哪些教育经验才能实现这些目标?怎样才能有效地组织这些教育经验?怎样才能确定这些目标正在得到实现?其中,教学是被囊括在课程中的。根据泰勒的理论,体育课程应当包含体育教学,并对体育教学具有指导意义。

(三)观点三:体育课程与体育教学相互包含

体育课程包含了体育教学的某一部分,体育教学也包含了课程的某一部分。体育课程与体育教学的关系属于目的与手段、内容与途径的关系,它们分别侧重于体育教育的不同方面。

总之,体育课程与体育教学之间肯定存在着各种联系和交叉重叠部分,不可能在互相独立的情况下各自运作。体育课程理论必然要考虑体育课程实施的问题,教学理论必然要考虑体育教学方法内容的问题。新一轮体育课程改革要求首先要摆正和处理好体育课程与体育教学的关系,现在的体育课程不只是"文本课程",更是"体验课程",不再只是特定的体育知识载体,还是体育教师和学生共同探求体育知识与技能,从而形成体育学习的过程。体育教学应成为体育课程内容的持续生成与转化,体育课程意义建构与提升的过程。

第二节 体育课程设计的理论基础

体育课程设计是一项系统而复杂的工程,各项工作需要科学理论的支撑才能顺利开展,在多学科理论的支持和引导下,体育课程设计有理可循,有可靠的理论依据,从而能够提高课程设计的科学化水平和设计效果。下面主要对体育课程设计的体育教育学理论、体育管理学理论两大学科理论展开研究。

一、体育教育学理论

体育教育是以身体练习为基本手段,以增强体质,促进身心全面发展为目的,促使人掌握身体锻炼的知识与技能的一种有意识、有目的的教育活动。体育教育由"体育"与"教育"构成,这两个组成部分的内涵决定了体育教育的本质。体育的特有属性反映在体育的内涵中,教育的特有属性则反映在教育的内涵中,事物的本质主要从其特有属性中表现与反映出来。

体育教育是我国社会主义建设中非常重要的一项事业,发展体育教育能够满足社会各方面、各层次的人对体育的多种需要。体育课程是体育教育的一个重要载体。体育课程是学校课程体系的重要组成部分之一,是在校学生以身体练习为主要手段,通过合理的体育教育和科学的体育锻炼,达到增强体质、增进健康和提高体育素养为主要目标的必修课程。[1]

体育课程是一门以多学科为基础的综合性课程,与多个学科的关系都很密切。加强体育课程建设,落实体育课程教学,能够使体育教育的功能与价值得到更好的发挥,促进体育教育多元育人功能的实现。

随着现代教育理念和体育教育理念的兴起,如终身体育(教育)、快乐体育(教育)、成功体育(教育)等,体育课程逐渐形成了多元化的结构,在原有基础上增添了新的内容,如保健课、各种选修课等,同时还将课外体育内容纳入体育课程结构体系中,作为体育课程的拓展和延伸性内容,课内形式多样的体育课和丰富多彩的课外体育活动构成了体育课程结构体系,如图1-2所示。

---

[1] 曹丹.体育健康与体育教育学研究[M].天津:天津科学技术出版社,2018:8.

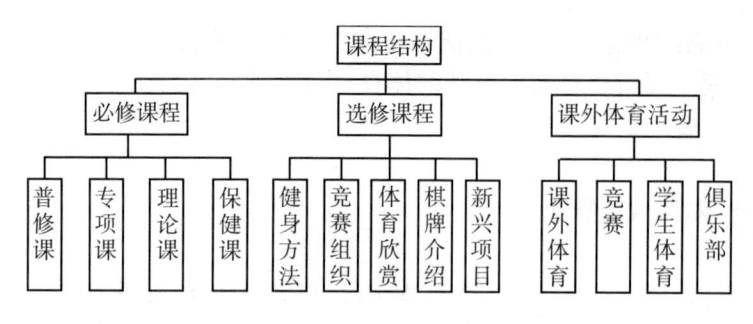

```
                    课程结构
          ┌───────────┼───────────┐
       必修课程     选修课程    课外体育活动
     ┌──┬──┬──┐  ┌──┬──┬──┬──┐  ┌──┬──┬──┐
     普 专 理 保  健 竞 体 棋 新  课 竞 学 俱
     修 项 论 健  身 赛 育 牌 兴  外 赛 生 乐
     课 课 课 课  方 组 欣 介 项  体    体 部
                 法 织 赏 绍 目  育    育
```

图 1-2 体育课程结构[①]

二、体育管理学理论

现代体育管理不同于传统的小生产方式管理，要从不同层次、角度出发来进行全方位管理，全面管理各个层次中的管理对象。现代体育管理系统中的管理主体、管理机构、管理法规制度等都是密切联系的，同时与系统外界环境也保持一定的联系，这符合"天人合一"的传统哲学观，将所有事物置于一个整体中去分析它们相互影响、相互制约的关系。

现代体育管理要树立全局观，总体设计管理系统的运行规划，给出一个整体方案，对系统运行中的薄弱环节做到心中有数，并依据理论与现实来判断系统运行的风险，做好防范准备。此外，要将系统中各要素的竞争与协同关系处理好，二者缺一不可，系统若没有竞争，就失去了前进的动力，而若没有协同，也就不可能向前发展。竞争与协同并存，并保持良好的关系，如此才能推动系统运作，因此在体育管理中不能盲目排斥和消除竞争，要勇于面对竞争，在竞争中前进。

学校体育管理是一项较为复杂的系统工程，包含多个目标、多元结构和多个系列。学校体育管理的内容大概包括学校体育专业管理和学校体育保障体系管理两大类别，各类中又包含若干具体的管理内容。学校体育管理的内容体系如图 1-3 所示。

---

① 程辉.体育新课程背景下学校体育理论研究[M].北京：科学出版社，2016：67.

第一章 体育课程设计概论

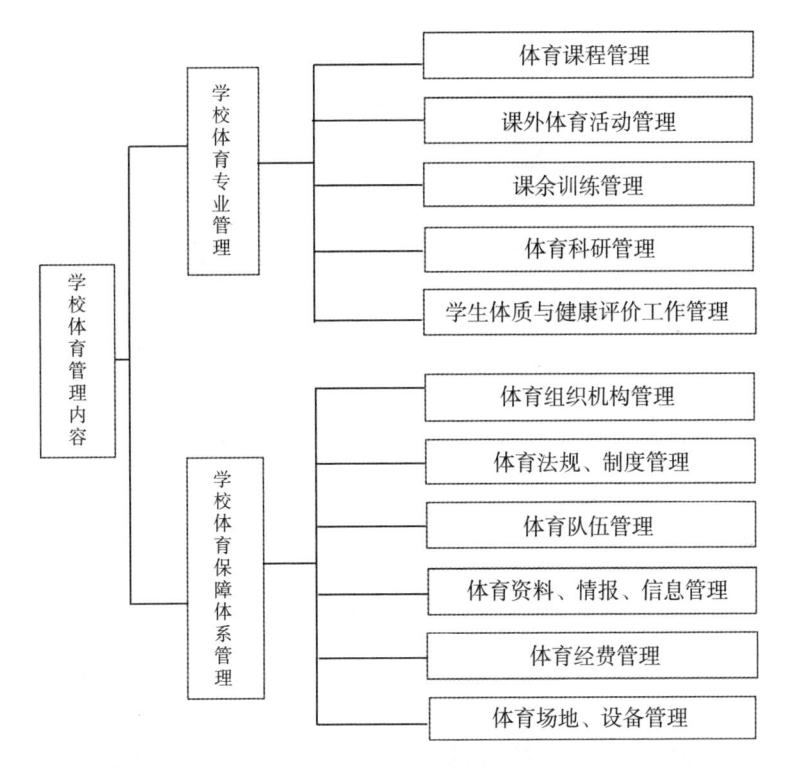

```
                                    ┌─ 体育课程管理
                    ┌─ 学校体育  ───┼─ 课外体育活动管理
                    │   专业管理    ├─ 课余训练管理
                    │               ├─ 体育科研管理
学校体育            │               └─ 学生体质与健康评价工作管理
管理内容  ─────────┤
                    │               ┌─ 体育组织机构管理
                    │               ├─ 体育法规、制度管理
                    └─ 学校体育  ───┼─ 体育队伍管理
                        保障体系    ├─ 体育资料、情报、信息管理
                        管理        ├─ 体育经费管理
                                    └─ 体育场地、设备管理
```

图 1-3 学校体育管理内容体系[①]

从图 1-3 来看,体育课程管理是学校体育专业管理的重要组成部分,体育课程管理在学校体育管理中既是重点,也是难点,它是一项包含诸多因素的系统工程。从系统理论出发,一般认为学校体育课程管理系统包括三个分支,分别是教师教学管理、学生学习管理和课程支撑管理,每个分支下又包含具体的管理内容和要素,完整的体育课程管理系统如图 1-4 所示。

学校体育课程管理系统的三大分支相互关联、相互促进,充分反映了体育课程管理的系统性和整体性。学校在建设体育课程方面的投入程度如何,可以从上述三方面着手制定标准来进行评估。

---

① 肖林鹏.现代体育管理 [M]. 北京:北京体育大学出版社,2009:12.

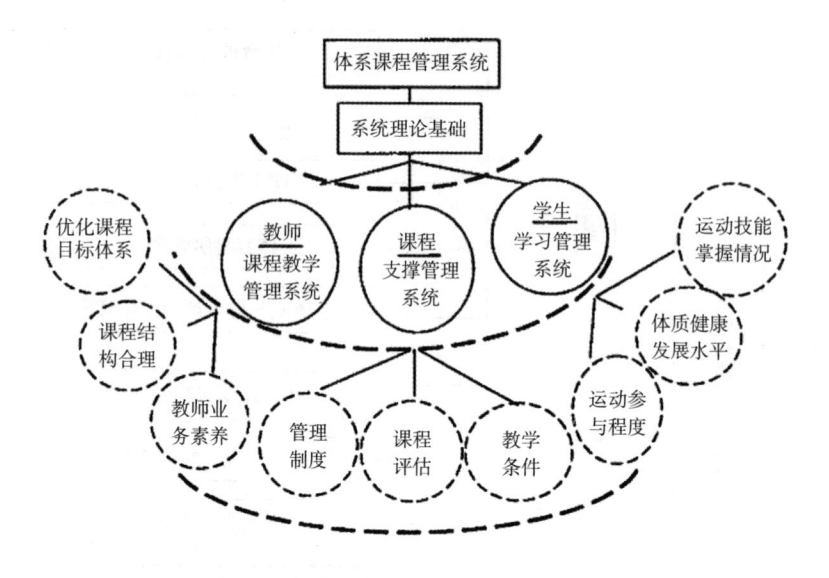

图 1-4　体育课程管理系统[①]

第三节　体育课程设计的原则与程序

一、体育课程设计的原则

（一）设计理念的鲜明性

在体育课程设计中，既要以社会发展需求、体育学科发展需求以及学生自身发展需求为依据，又要对学校体育发展的客观条件与现实情况予以考虑。在新时代背景下，为了适应体育课程改革与创新的需要，在体育课程设计中必须贯穿鲜明的理念，如"健康观""生活观"和"文化观"，这些理念要具体从体育课程目标、课程结构以及课程内容等不同课程要素的设计过程中体现出来。

---

① 顾圣益. 现代体育管理学——理论与应用 [M]. 大连：大连理工大学出版社，2004：7.

第一章　体育课程设计概论

（二）目标设计的多维性

体育课程设计应体现对学生需求与社会需求的和谐统一，在课程目标设计中尤其要体现这一点。兼顾社会需求是指学生在体育课程学习中所学的知识与技能应对其将来步入社会后的健康生活有益。兼顾学生需求是指要使学生通过学习体育课程教学内容而实现个人理想与价值，满足个人愿望，在学习中有所收获，如增强体质、愉悦心理、陶冶情操、掌握知识与技能等。兼顾社会需求和学生需求的和谐统一，要求在体育课程目标设计中既要传承体育文化，又要将学生的主观学习感受重视起来，既要基于体育课程的科学逻辑性而与整体性目标相适应，又要尽可能使学生的多样化需求得到满足，将体育课程的人文教育功能充分体现出来。

上述分析充分反映了体育课程目标设计的多维性。在具体设计过程中，应根据层次、形式、内容划分不同的课程目标，如基础目标和发展目标（层次上的划分）、行为目标和过程性目标（形式上的划分）以及动力目标和能力目标（内容上的划分）。

（三）内容设计的功能互补性

体育运动理论丰富，项目多样，因而体育教学内容整体上是非常丰富的，在体育课程内容的筛选和设计中，要将体育课程的科学性、人文性及其内在价值充分体现出来。理论上而言，体育运动本身就具有多元化价值，在教学实践中往往很难充分发挥这些多元价值，这就导致体育课程教学的一些目标无法实现，如情感目标、价值观目标等。鉴于此，体育课程内容的设计应分类进行，既可以分为体能类、技能类等，也可以分为竞技类、健身类、娱乐类等，在分类的基础上对各个项目板块进行设置，体现各个项目的优势功能，促进不同项目之间的功能互补，从而形成功能互补的课程内容体系。

（四）结构设计的系统性

体育课程结构的设计要突出系统性，将课程设计的整体优势充分发挥出来。在课程结构设计中贯彻系统性原则的本质是保证课程结构的完整性和建立课程各要素之间的和谐关系。

体育课程结构从不同的视角分析所包含的要素是不同的,见表1-1。

表1-1 体育课程结构的系统性[1]

不同分析视角	结构要素
宏观视角	显性课程 隐性课程
类型视角	必修课程与选修课程 学科课程与活动课程 正式课程与非正式课程
组织形式视角	体育课教学 体育俱乐部 体育运动协会 体育专题讲座 课余体育训练 校园体育竞赛

在不同视角下进行体育课程设计时,整合系统各要素,形成最优化效应,从而使系统的整体功能得到最大化发挥成为设计的重点与难点。在具体设计过程中,要依据科学理念、结合课程目标和高校体育教学条件,有机组合课程结构要素,突出结构的系统性,发挥课程的整体功能。

(五)学习方式设计的生活性

对体育课程的学习方式进行设计时,要使学生以最适合自己、最有效的方式形成对教学内容的感知和理解,并在学习中认真体验,充分享受,对体育课程的人文价值、科学价值有更加深刻的理解。为达到这一目的,在学习方式的设计中要贯彻生活性原则,从而使学生的体育学习活动更加生活化、日常化。学生在生活化、常规化的体育学习过程中能够更好地观察与模仿,尝试新方向,乐于交往与合作,能够自主探究与创新,从而提高自主学习能力和学习效果。

学生的生活性学习方式从"现实体育生活""可能体育生活"中都能体现出来,前者是丰富多彩的体育生活的直观呈现,强调学生在体育课程学习中的真情实感;后者是通过体育学习活动而形成一种新的体育生活方式,这种新方式超越了现实体育生活方式,追求更高的价值和长远的意义,能够引导学生对未来体育生活的价值进行探寻,提高学生学习的自主性和积极性。

---

[1] 白明.谈高校体育课程设计的原则[J].中国成人教育,2009(17):153.

二、体育课程设计的程序

课程设计是一项系统工程,从体育课程设计的整体结构出发,分析、研究体育课程设计的诸要素,便能够建立一个系统的、可操作的体育课程的整体设计程序,使广大体育教育工作者更好地理解体育课程设计的全过程,并进一步确定课程改革的思路、设计课程改革方案。体育课程的整体设计程序如图 1-5 所示,该程序的各个环节也是体育课程设计的基本要素,将会在第四节详细分析。

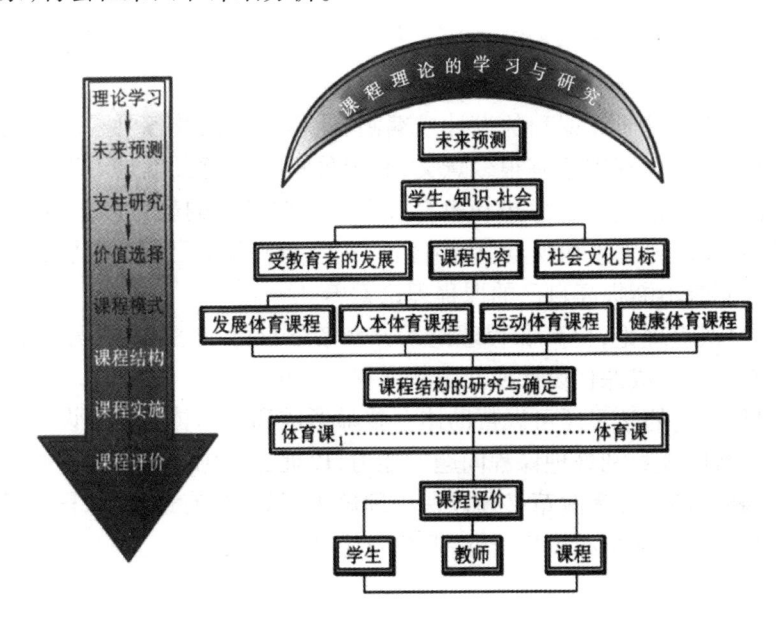

图 1-5　体育课程设计程序[①]

---

① 　王皋华.体育新课程设计 [M].北京:高等教育出版社,2003:17.

第四节 体育课程设计的要素分析

一、学习课程理论

（一）课程理论学习的意义

课程理论是研究课程的设计或编制、课程要素以及各要素之间关系的学科。学习课程理论有很多意义，其中最重要的意义就是可以通过学习课程理论弄清楚教育思想和教育观念。对照自己的教育思想、观点同国内外其他教育思想和观点，从而修正、完善和明确自己的教育思想和教育观念，同时不断提高自己的课程理论素养。

学习课程理论，提高课程理论素养会增强自己观察和分析事物的能力，会有助于形成课程设计或开发新课程的潜能。

课程理论的学习还可以帮助体育教师形成和提高体育课程设计的能力，提高教师观察和处理课程问题的能力，以促进我国体育课程改革和建设的发展。进行课程改革必须以课程理论为指导，只有这样，课程改革才能改到点子上，才能减少盲目性，避免发生重大失误。

（二）学习课程理论的方法

学习课程理论的具体方法有很多，根本方法是理论联系实际。运用理论联系实际的学习方法可从以下两方面着手。

1. 联系实际学理论

"学理论"是目的，"联系实际"则是达到这一目的的手段。体育教师要重视理论，要认真读书。任何轻视理论的做法都是片面的、错误的和有害的。然而，重视理论并不等于就学好了理论。要领会课程理论的精神实质必须联系实际。因为一切正确的课程理论都源于课程实践，只有密切联系实际,才能学好课程理论。

2. 运用理论于实践

可通过体育课程改革、校本课程的设计、教学计划和教学大纲的编制、教学文件的编写等课程实践,培养自己分析和解决实际课程问题的能力。

二、未来预测

制订一个好的学科发展计划或方案最主要的就是能否对本学科未来的发展方向和发展趋势进行预测,并能对将要发生的或可能要发生的事件进行准确的判断。只有这样才能对如何制订未来的发展计划或方案作出决策,进而能够比较准确地描述出贯彻落实这一计划或方案后的结果。其他学科如此,体育学科也不例外。体育课程的改革与发展在相当大的程度上受到政治、社会、经济、科技和文化等诸方面的影响和推动。在设计体育课程之前,我们必须回答下列问题:

(1)未来我国经济、文化和科技的发展变化将对体育课程带来什么影响?

(2)未来的信息化社会对人的工作方式和生活方式可能产生哪些积极或消极的影响?

(3)未来社会对其成员提出了哪些新的要求?

(4)在未来的体育教育中,哪些知识最有价值?哪些知识最具有时代气息?

为了回答上述问题,我们必须从我国经济、科技和文化等多角度、全方位地放开视野作面面观。这就需要课程的设计者研究社会、研究生活,预测未来体育学科的发展方向和发展趋势,准确判断将要发生的或可能要发生的各种变化。只有这样,才能设计出面向未来、服务未来的体育课程,才能使所设计的体育课程具有超前性,反映未来世界的特点和要求。

三、课程支柱研究

课程涉及的知识技能和能力的总和(知识)、受教育者的身心发展水平及其规律(受教育者)、未来经济和社会发展提出的要求与提供的可能性(社会),这是对体育课程设计起关键作用的三大要素。为了审视或确定课程设计的价值取向,有必要对它们进行认真研究。

四、价值选择

对课程设计的决策,部分地说是一种价值选择,而价值的选择应该是建立在对未来预测的基础上理性和逻辑思考的结果。课程的设计者在设计新的体育课程之前,必须先弄清自己的价值观。在国内外体育课程的演变和发展历程中,课程的设计在不同时期又有其不同的价值观,归纳起来主要有以下四种价值取向或价值选择。

（一）学科内容的掌握

大多数传统的课程设计都以掌握学科内容为主要的价值选择。学科内容的掌握也是体育课程设计占主导地位的价值选择。在选择课程内容时,常常将基本运动技能视为主要教学内容。

（二）改进和适应社会

课程设计要具有超前性,要成为改进或创造未来社会的工具。持这种价值观的人认为,个人需求应服从社会需要,如果社会需要外语、计算机、电子通信、生物工程、核及航天领域人才的话,学校课程就应及时设置这些内容,以满足社会需要。

以改进和适应社会为价值取向的课程设计者认为,体育课程应培养学生的自我决定意识、领导才能、合作精神、理解他人的能力、解决问题的能力、自我健康的责任感、终身追求较高生活质量的意识。

（三）学会学习

课程设计的另一个价值选择是学会学习。为了适应社会的飞速发展,使学生具备适应社会快速变化的能力,学会学习就显得尤为重要。体育课程需要培养学生的学习技能和技巧,使学生在变化的生活和环境中,选择和学习符合自己身体条件的且适宜自己身体状况的锻炼方式和方法。以学会学习为体育课程设计价值取向的课程内容还应包括自我健康状况的测量与评价、自我生物反馈信息的分析与判断、在一定自如条件下的生存与自救、在软件或其他媒体的指导下自学自练等学习内容。

（四）自我实现

自我实现也是课程设计的一种价值选择。有学者认为"领悟、行动、实现"应是课程的主要任务,课程的设计要有利于学生的自我发现和自我实现。每一个学生有责任选择和确定自己学习的目标,发展自己的个性,选择自己的学习实践活动。自我实现的课程,其价值定向为鼓励学生不受任何条条框框的约束获得自身的充分发展。

以上每一种价值取向或价值选择都有一套自己对课程的理解和看法,并在所设计课程的目标、内容、教法和评估等课程要素上各不相同。其实,这四种价值取向都是片面的,不符合当今素质教育全面发展的要求。课程设计的价值取向必须是多元的,以融合各种价值取向的优点,克服其缺点,其不仅要关注社会的需要,还要关注学生的发展要求,只采取一种价值取向是片面的,所设计的课程也是有缺陷的,会产生不良的后果。

五、课程理念与模式

体育课程的设计者通过对国内外课程理论的学习和研究,通过对本国未来政治、经济和社会发展的预测,在正确把握课程支柱发展趋势的基础上,根据自己的价值选择确定体育课程设计的理念。课程理念决定了如何确定体育课程诸要素,课程理念还应系统地陈述所要设计课程的指导思想和课程目标。由于体育课程的设计者所选择的价值取向不同、对课程三大要素的处理不同,因而在不同课程理念的影响下形成了不同的课程设计模式。目前,国内外常见的体育课程理念及相应的课程模式主要有发展体育课程模式、人本主义体育课程模式、健康体育课程模式、运动体育课程模式。

六、课程结构

课程结构是指课程内部各要素、各成分、各部分之间合乎规律的组织形式,它是由学科、活动组成的人为结构。研究课程结构,首先需要对课程要素进行研究。现代体育课程基本包含认知要素、健身要素、道德要素和审美要素。课程要素确定后,还需转化为一定的课程目标、课程内容和学习活动的方式。这是课程的基本组成部分,这三种课程成分是在课程的漫长演化过程中逐步形成的。由于课程内部各要素、各成分是按照一定的时间和空间分化、组合起来的,所以,课程是一个立体的整体结构。

我国体育课程结构体系经历了由全国统一通用单一的课程结构体系;基本教材和选用教材相结合的课程结构体系;必选内容、限选内容和任选内容相结合的课程结构体系到必修和选修相结合的课程结构体系的演变过程。

七、课程实施

体育课的计划与实施是贯彻落实课程主导思想的根本途径和最终方式。课程设计者按自己的课程理念和所设计的课程模式及课程结构,对体育课的目标、内容、顺序、学习活动、时间安排、教学环境、教学策略以及评价程序作出相应的确定和安排,编制出贯穿课程设计思想,实现课程设计目标的一系列体育课。每节体育课的目标、内容和教学策略都必须同课程设计的主导思想、课程的总目标保持高度的一致性。高度的一致性源于在课程设计时对每一节体育课诸多结构要素和成分的审慎考虑。

八、课程评价

课程评价是体育课程整体程序设计中不可缺少的组成部分。课程的设计者对课程模式中要达到的目标都应逐一制定出相应的评价方法和标准。评价对象应包括学生、教师和课程。评价内容包括:

(1)学生学到了什么?学得怎样?

(2)教师在每一节课中对课程设计的主导思想贯彻得怎样?

(3)课中安排的知识、活动内容对实现课程目标是否有意义?对学生是否有意义?

(4)课中选择的知识、活动内容是否经得住时间的考验或可被长期地应用?

(5)所设计的课程是否具有超前性?

(6)所设计的课程是否能激发起学生的学习动机、兴趣和欲望?

通过全面对课程进行评价可以发现,在体育课实施过程中,课程的主导思想是否得到了贯彻和落实,学生的学习结果是否达到了课程设计所设定的课程目标。如果是否定的,那么课程设计就存在缺陷,就需要对课程的理念或课程的价值选择进行重新研究或修正,以使体育课程的设计方案得到不断改进和完善。

第二章 体育课程设计的要点与创新

体育课程设计是一项复杂的工程,在具体设计中必须把握要点,分清主次,有条不紊地进行设计。与此同时,体育课程设计也要不断创新,将现代教育理念融入体育课程设计中,提高体育课程设计效率和质量,为体育课程实施打好基础。

第一节 体育课程资源的开发利用

在体育课程建设中所利用的所有人力资源、物力资源、财力资源及其他类型的资源的总和就是体育课程资源。具体来说,所有有助于体育课程建设的因素,如师生、教学方法手段、场地器材、教育经费、时空环境等都属于体育课程资源的范畴。开发体育课程资源是体育课程建设的基础环节之一,对促进体育课程的具体实施具有重要意义。

一、体育课程资源开发的意义

体育课程资源开发的意义主要表现在以下几方面。

（一）发挥课程资源的优势

所有可以为课程建设、课程实施、课程学习提供有利条件的资源都称作课程资源,我们要研究的是哪些资源能够提供有利条件。传统体育课程建设中,在学科中心主义指导思想下设置体育课程内容,对学科的逻辑性、运动技能的完整性过分强调,因而课程内容体系不符合素质教育理念,体育的育人作用也难以得到充分发挥。随着课程理念的更新,所有对体育学习有利的体育课程资源都将得到充分开发与利用,体育课程资源的教育优势和育人作用将得到充分发挥。

（二）提高体育课程的适应性

对体育课程资源进行充分开发与利用,能够使学校中对体育学习有利的所有设施资源在体育教学中充分发挥功能作用,如利用校园的林荫大道组织健身跑活动,在空旷场地开展健身操活动等。校园内平坦空旷的场地都可以利用起来,学生可以根据自己的需要参与一些简便易操作的体育活动,同时也可以利用学校的图书馆、计算机教室等获取自己需要的信息资源,这有效拓展了学生的体育学习空间。

校外的体育课程资源也可以为学生所用,这样学生的体育学习时间和空间便进一步拓展,有助于更好地增进健康,培养良好的运动习惯。鼓励学生利用课外课程资源和校外课程资源,也能够弥补体育课堂教学的不足,扩大体育教学效果。总之,对各类体育课程资源的全方位开发与灵活运用能够促进体育课程适应性的增加。

（三）充实体育课程内容

在传统体育课程建设中,竞技运动项目在课程内容资源中占绝对比例,这主要是受传统教育观念(竞技体育教学思想、体质教育思想等)影响的结果。以竞技运动项目为主的体育课程内容过于单一,学生学习也比较枯燥,而开发利用各种体育课程资源将能完善体育课程内容体系,使体育课程内容更加丰富多彩。充实而完善的体育课程内容体系中不仅应包括竞技运动项目,还应包括民族民间运动项目、时尚流行运动项目以及经过改造后竞技性被弱化的竞技运动项目。丰富多彩的体育课程内容将使学生在选择学习内容时有更大的空间。

（四）提高体育课程质量

科学开发体育课程资源,并加以高效利用,将对体育课程质量的提升具有重要促进意义。开发各种有教育意义的体育课程资源,学生学习时便会有更多的选择,从而可以提升学生的学习兴趣和积极性,促进学习效果的改善。丰富的体育课程资源也为体育教师进行创造性教学提供了广阔的空间,有利于改善体育教学效果和提升教学质量。

(五)规范体育课程资源市场

传统教育比较随意,提出的规范要求较少,但在现代教育背景下,教育成为各国综合国力竞争的焦点,教育的国际化进程加快,通过教育培养的人才的质量成为衡量教育水平的主要标志,因此有必要在教育中提出一些规范要求,不能随意解决教育发展中的问题,否则就是不负责任。

开发利用体育课程资源,广泛积累课程资源素材,科学加工、优化整理,将其充实到体育课程建设中,促进体育课程资源市场的不断完善,将有利于为进一步规范体育课程建设和提升课程质量奠定物质基础。

二、体育课程资源开发的主要内容

(一)体育设施资源

学校的运动场馆、体育器材、体育设备等都属于体育设施资源,它们是看得见、摸得着的有形资源。学校配置体育设施资源,要遵守国家规定,满足教学需要和学生需求,尽可能配置种类齐全、数量充足、质量达标的体育设施。在体育经费有限的情况下,学校应根据实际情况进行简易器材的制作,对现有场地器材资源进行改进和完善,将所有能够利用的设施资源充分利用起来,开发潜在资源,提高资源利用率。

(二)体育课程内容资源

体育课程教学内容是体育课程内容资源的主要组成部分。在体育课程教学中,体育基础知识、锻炼方法和各类项目的理论知识和技术方法等是主要的内容资源。开发丰富的体育课程内容,能够丰富体育课堂教学内容,形成富有特色的体育课程内容体系。体育课程内容资源具有以下几个方面的基本特征。

1. 健身性

身体锻炼方法、各类运动项目的技术方法是体育课程内容资源的主要组成部分,学生学习这些内容的过程也是进行身体练习的过程。学生在身体练习中必然会有对运动负荷的承受。承受适宜的运动负荷能够达到一定的健身效果,有助于促进体质健康。

2. 运动性

体育课程内容与身体练习活动密切关联,这是体育课程内容与其他课程内容的本质区别。毛振明指出,体育课程内容"是以有关身体运动的学习和身体运动的技能形成为主要培养目标的内容;是以运动为媒介、以大肌肉群的活动状态进行教育的内容"[①]。学生在体育课程学习中,不仅有思维活动,还有身体活动,不仅解决"不知"与"不懂"的问题,也解决"不会"的问题,其中涉及身体健康问题和运动技能问题。学生通过重复性的身体练习而掌握运动技能,增进健康,提升运动能力。

3. 娱乐性

体育运动项目是体育课程内容资源的主要来源,从竞技性、娱乐性身体游戏演变而来的体育运动项目充满娱乐性、趣味性,学生参与这些运动项目能够达到娱乐放松的效果。

4. 非阶梯性

一般学科的课程内容结构具有明显的阶梯性,按照从易到难、从简到繁、从基础到提高的逻辑规律排列。体育课程内容没有像一般学科课程内容这样清晰的阶梯结构,很多课程内容如身体练习、运动项目等都是平行结构,在内容的安排上相对自由一些。

---

① 毛振明. 简明体育课程教学论 [M]. 北京:北京师范大学出版社,2009:23.

第二章 体育课程设计的要点与创新

（三）人力资源

体育教师、体育教练、社会体育指导员、学生、运动员、队医、体育骨干等都属于体育人力资源的范畴。体育课程建设离不开这些人员的支持与参与，我们应调动各方面人员的积极参与性，尤其要尊重学生的参与权，使体育课程满足学生的多元需要。

（四）体育信息资源

学生获取体育信息主要是在体育课堂上，但一节体育课时间有限，学生获得的信息也是有限的，因此要寻求其他信息来源，将各种承载与传播信息的媒介充分利用起来去获取广泛的、最新的信息，如利用广播、书刊杂志、电视、网络等资源获取丰富的体育信息。

（五）课外和校外体育资源

课外体育资源主要是指体育课堂外的体育资源，如课外体育活动、课余体育训练、体育比赛等。校外体育资源是指发生在校园外的体育活动，如社区体育活动、家庭体育活动、地方体育活动、体育俱乐部活动等。将课外体育资源和校外体育资源充分利用起来，构建课内外、校内外一体化的课程资源体系，有助于提升学生的体育参与度，使学生形成健康阳光的生活方式和良好的运动习惯。

总之，体育课程资源种类多样、内容丰富，加强对各类资源的开发利用，对推进体育课程建设与提升体育课程质量具有重要意义。

三、体育课程资源开发的原则

体育课程资源开发要贯彻以下几项基本原则。

（一）自主性原则

体育课程最终是由体育教师实施的，在体育课程实施中，教师作为实施主体始终都是非常重要的一环。同样，开发体育课程资源离不开体育教师的直接参与，所以体育教师在体育课程资源开发方面具有充分的自主权。体育教师可以从学校体育教学情况和教学对象的实际需要出发，对体育课程资源进行具有针对性的开发，立足实际而设计体育课程与教学方案，并在课程实施中对各类课程资源进行加工、调整和完善，充分发挥各类资源的价值与功能，从而提高体育课程的质量，使课程实施效果达到理想目标。

（二）开放性原则

开发利用体育课程资源还应该贯彻开放性原则，具体要从三个方面体现开放性，第一是开发课程资源类型的开放性，第二是开发利用课程资源空间的开放性，第三是开发利用课程资源途径的开放性。体育教师应从这三个方面的开放性出发，对丰富多样的、能够满足教学需要及为课程目标服务的课程资源进行多元化开发和充分利用。

（三）优先性原则

体育课程资源本身类型多样，内容复杂，要同时开发利用各类课程资源是不现实的，开发主体要对在开发利用范围内的课程资源进行细致分析和对比研究，对具备条件的、符合学生兴趣爱好以及对学生健康发展有益的课程资源优先开发，只有先调动学生的兴趣，使学生认识到该课程对自己有益，才能逐步提高体育教学效果。

（四）适应性原则

开发体育课程资源要贯彻适应性原则，具体是指既要对体育学科的发展规律加以遵循，将体育课程发展的进展和成果反映出来，又要对学生的身心特点、认知特点、学习规律等加以考虑，同时学校的实际教学条件、体育教师的教学素养等也是必须考虑的要素，从而使开发出来的课程资源符合学校实际，适应师生特征，满足学生需求。如果脱离现状，忽视了课程资源开发与课程实施环境的适应性，将容易造成课程资源的浪费，这样课程资源的开发利用也将以失败告终。

第二章　体育课程设计的要点与创新

（五）安全性原则

在体育教学中,增强学生体质,促进学生健康发展是最重要的目标,在以人为本、健康第一的教学思想下,开发利用体育课程资源必须秉持安全与健康理念,贯彻安全原则。只有先确保学生在体育课程学习中健康与安全,才能进一步塑造朝气蓬勃、精神焕发的学生形象,才能鼓励学生追求时尚、追求美、追求全面发展。

体育教学环境相对来说是比较开放的,体育教学作为教学的一部分,其教学环境的开放性也是显而易见的。教学环境越开放,影响教学过程和教学结果的显性因素与隐性因素就越多且越复杂,如果师生难以应对错综复杂的开放性教学环境因素,那么发生意外事件的可能性就比较大。鉴于此,在体育课程资源开发中必须时刻考虑安全问题,开发主体的安全意识要高,要具备安全教育能力,使体育课程在安全的环境下顺利实施,使各类课程资源在良好的教学环境中充分发挥作用。

（六）本土性原则

开发利用体育课程资源时,本土性原则也是必须遵守的原则之一。在本土性原则下开发的体育课程资源应该既丰富又独特,要能够体现出地方特色,尤其是民族特色。地方特色鲜明的体育课程资源对学生而言更有吸引力。

（七）经济性原则

开发利用课程资源,既要投入资金,又要投入时间,还要投入精力去学习,这就涉及开发资金、开发时间和开发学习过程的经济性。课程资源开发的经济性特点要求我们开发与利用体育课程资源必须贯彻经济性原则,也就是要考虑开发成本。一般情况下,开发成本过高的体育课程在普及推广时难度比较大,而且学生的学习成本也会随之增加,这样的经济代价是很大的,对学校而言是比较沉重的负担。鉴于此,今后开发利用体育课程资源必须考虑各方面的经济性,降低成本,提高效率。

（八）目标导向性原则

不同课程资源的特点不同，功能与作用有差异，最终服务的教学目标也不同。也就是说，不同体育课程资源对不同体育教学目标所起的作用是有差异的。这就要求在体育课程资源的开发中坚持目标导向性原则，先明确课程目标，然后依据目标开发课程资源，提高资源开发的针对性与目的性，最终开发的课程资源在利用之后要能够有助于课程目标的实现，真正为顺利实现课程目标而服务。

（九）共享性原则

对体育课程资源的开发利用不仅仅是开发主体自己的职责与任务，单靠个人的努力是不够的，而需要有关方面共同努力、相互协作。在具体开发利用过程中，要争取社会力量的支持，适应社会发展对体育教育的需求，使体育教学与社会经济、社会文化、社会生活方式以及社会教育资源共享、协调发展，如此才能将所开发的课程资源的价值更加充分地发挥出来。资源共享不仅是指有形的显性课程资源的共享，还包括开发思路、开发理念、开发经验等无形资源的共享。

在体育课程资源开发利用中贯彻共享性原则，关键是要体现一种思想，提供一种思路，而不是简单地提供劳动成果。

四、体育课程资源开发与利用的基本途径

对体育课程资源的开发可参考课程资源开发的基本途径，具体如下。

（1）展开社会调查，了解社会需要，动态追踪社会需要的变化与发展特征，预测发展方向与趋势，充分把握社会机遇，从而有针对性地确定体育知识和技能内容。

（2）从学生的日常生活和学习中挖掘对学生成长和发展有利的各种课程资源，开发利用各种课程素材，并创造条件在课程中落实。课程素材的来源主要包括知识与技能、教学方法手段、情感态度与价值观、生活经验与教学经验等。

（3）对学生的知识结构、学习基础、学习经验进行调查分析，了解他们已经具备的知识、技能与素质，清楚有哪些应该具备的知识、技能与素质是学生目前尚不具备的，重点开发这些资源，为课程建设提供参考。

（4）对课外、校外课程资源加以鉴别和利用,利用这些知识财富为学生开辟广阔的学习空间。

（5）加强课程资源管理,建立数据库,将校内外课程资源纳入数据库,为学生查阅、分享提供便利。

五、体育课程资源开发与利用的有效策略

（一）实现观念的转变

1. 从数量观念向质量观念的转变

校园土地资源有限,自然就限制了体育场地的扩建,所以开发体育课程资源不能一味追求数量,还要在质量上下功夫,实现从数量观念向质量观念的转变,即改善现有设施资源的质量,提高现有资源的利用率。

2. 从校内观念向校外观念的转变

开发体育课程资源不局限于校内体育资源,还要将目光放在校外一切有利于学生学习的体育资源上,实现从课内向课外、从校内向校外的延伸与拓展。因此,社会体育资源都应该被纳入可开发利用的范围内,拓展体育课程资源开发的空间。

（二）重视体育课程资源普查

体育课程资源普查能够为开发利用体育课程资源提供重要信息和资料。开发体育课程资源要有切实可行的开发方案,要从国家、地方、学校等各方面的实际情况出发进行合理开发,如此才能提高开发效率,提升课程质量,充分发挥课程资源的育人功能,实现育人目标。要获得各方面的实际情况,需要明确评价标准和各项指标,在此基础上开展普查工作,从而为开发利用课程资源提供便利。

体育课程资源普查要贯彻以下几项基本原则。

1. 突出普查工作的教育性

调查体育课程资源，能够为制订体育课程方案提供重要依据，使体育课程方案与课程实施更贴合实际，在现实的基础上实现预期的体育课程目标和理想的教育目的。因此，普查体育课程资源的根本宗旨和原则是教育性，主要体现在以下两个方面。

第一，挖掘体育课程资源的内隐教育因素或潜在教育功能。要根据课程资源的教育性来确定普查对象，然后再根据资源的教育性将普查指标确定下来，之后的统计和分析环节都要贯彻教育性宗旨和原则。

第二，对体育课程资源进行普查这项工作本身就具有教育意义，体育教育工作者从事普查工作，能够有所收获，启发灵感，对各种体育课程资源的教育意义有更深刻的了解，还能将其他普查人员的情感调动起来，使参与者在普查中有更深刻的体验。

2. 普查指标经济实用

开展体育课程资源普查工作，要明确各级普查指标，通过指标对普查对象的实际情况进行判断，因此对普查指标的选择非常关键。体育课程资源的普查指标应该是经济实用的，要以经济实用为原则确定指标。注意不能选择过于精细的指标，因为再精细的指标也不能代表事实本身，无法精准反映现实，而且还会增加普查的难度，对普查工作的开展造成阻碍，普查后的统计学处理也会受到影响。

3. 辨别体育课程资源普查的主次内容

体育课程资源丰富多样，涉及广泛的领域，体系庞杂，很难明确选择普查对象，所以要先将普查的主要内容和次要内容区分开来，针对不同的内容选择不同的普查方式。开展普查工作，先要确定普查目标，然后根据目标确定普查的主项目，主项目通常包含多个层次的内容，在主项目普查中根据实际需要确定辅助内容，辅助内容和主项目必然是关联的，对辅助项目的普查要有利于更好地完成对主项目的普查。

4.组织上以教育行政部门为主

体育课程资源普查工作需要多个行政部门的参与和配合,但要以教育部门为主,这项工作主要由教育部门领导组织,在普查过程中争取其他部门的配合,提高工作效率。

教育行政部门组织课程资源普查工作,要注意分工的专业性和合理性,如安排体育统计学专业人员从事统计方面的工作,安排管理专业人员安排组织协调方面的工作,各方面的专业人员协调一致,并肩努力,共同完成复杂的普查工作。

对体育课程资源的普查是体育课程资源日常管理的一部分,因此体育课程资源管理者在资源普查中也发挥着举足轻重的作用,他们能够为普查工作的开展提供方向上的指引。熟悉体育教育的专职教育工作者更容易适应课程资源普查工作,因此要充分发挥这类人员的作用。

5.普查方式的合理性

对体育课程资源进行普查,不必过分强调资源的系统性和完整性,也不要特别精确地计划普查时间,对于不适合采用大规模调查法进行普查的项目,可以换作问卷调查法。先小范围、分项目普查,再逐渐过渡到综合普查,这是体育课程资源普查中常常采用的方法。

体育课程资源普查工作者要精心设计普查的大目标,以此为基础对小范围的普查项目进行系统整合。只有先确定大目标,才能发挥它的统帅作用和导向作用。

（三）解决课程资源发展不平衡的问题

我国经济发展存在明显的地域差异,各地区经济发展不平衡造成了教育水平的地区差异,其中课程资源分布失衡便是非常明显的一个表现。经济发达地区教育资源往往丰富,不管是知识资源、物质资源、人力资源还是财力资源都是如此,而经济落后地区的课程资源常常处于紧缺状态,课程资源发展不平衡制约了体育课程建设与发展,这个问题迫切需要得到解决。

解决课程资源发展不平衡的问题,需要政府加大投入力度,同时要动员社会力量的支持,此外还要鼓励发达地区与落后地区的资源互补,鼓励发达地区援助落后地区，最终促进各地体育课程资源的协调发展与体育教育的共同进步。

（四）提高课程知识资源的水平

在体育课程资源结构中，知识资源是核心要素，增加知识资源的储备量并提高这类课程资源的水平与质量是进行体育课程资源改革与资源开发的要点，具体方法如下。

第一，注重知识创新，建设多元化、创新性的知识体系，打造知识企业，完善知识生产体系。

第二，政府加大投入力度，鼓励知识生产。

第三，调查研究知识加工企业对专业知识的生产情况，提高知识生产水平与质量。

第四，注重对新知识的引进与吸收，拓展知识引进渠道，结合教育情况完善知识管理。

第二节 体育校本课程的开发设计

校本课程是学校自主决定的课程，它的开发主体是教师。体育课程本身就具有一定的开放性，开发的空间比较大，学校可以根据自身情况自主开发课程，以体现地方特色和学校传统，并满足学生的兴趣爱好。

一、体育校本课程开发设计的特征

（一）开发依据的明确性

体育校本课程的开发与设计要以国家和地方的课程标准为依据，将校内校外体育资源充分利用起来，从学生的实际需求出发进行针对性开发。开发体育校本课程不是为了将国家课程取代，校本课程的开发必须在不违背国家和地方课程标准的前提下进行，在国家和地方课程计划中

第二章 体育课程设计的要点与创新

校本课程始终都是一个举足轻重的组成部分。

（二）开发基地的针对性

体育校本课程设计是体育课程设计创新的表现，建设基地以学校为主，在体育课程改革中，拥有强大育人功能的学校是不可缺少的主阵地。学校作为建设基地，要将本校与校外的体育资源、教育资源充分利用起来，通过资源整合而强化资源价值，形成教育合力，形成学校特色。

（三）开发主体的核心性

课程开发的过程也是理想课程向现实课程转化的过程，在这个转化过程中，学校发挥着不可替代的主阵地作用，而教师作为建设主体，发挥着重要的组织管理作用。体育教师作为体育校本课程建设的主体，不仅有权力决定"怎样教"，同时也有权力决定"教什么"。在体育校本课程开发中，体育教师的主体地位不可动摇，虽然社区人员、学校领导、部分学生也参与开发，但都不能替代教师的主体地位。

（四）开发内容的开放性

随着体育课程的深入改革，传统体育课程建设中课程纲要编写的"一刀切"模式逐渐被打破，高校可以在更广阔的空间内选择课程内容，这充分反映了体育校本课程开发内容的开放性。

二、体育校本课程开发设计的意义

体育教育要根据学校自身的独特性建设更有实际意义的教学内容，而开发与建设校本课程是形成体育特色的重要举措。具体来说，该举措具有以下几方面的意义。

（一）弥补国家课程开发的不足

我国各地院校的教学环境、教学条件、学生需求等因地域差异、经济差异、文化差异等的影响而存在一定程度的区别，因此各地体育教育也应有所区别。国家体育课程偏重统一性要求,一定程度上与地方教育需求、各地办学条件以及各校师生需求等存在脱节的问题,无法使地方的教育需求和学校的具体需求得到满足,而开发校本课程可以恰恰弥补这一不足。

（二）形成学校体育特色

在体育校本课程开发设计中,强调各个院校将本校的体育资源充分利用起来,自主规划课程结构,设计课程方案,并对本校体育课程的运行负责。这对学校发挥自身资源优势、形成本校特色非常有利。学校体育特色代表了一种相对稳定的具有普遍性和集体性的体育行为风尚,代表着学校的体育环境和体育氛围,具有群众性、相对稳定性以及自觉性。良好的学校体育特色能够发挥导向作用、教育作用、规范作用,同时也具有辐射功能,对促进体育教育的发展具有重要意义。

（三）促进教育民主化

教育民主应具备两个前提条件：一是政府权力下放,二是民间高度的参与意识和一定的参与能力,这两个条件密切相关,缺一不可。体育校本课程开发能够促进这二者的友好互动。

新时代背景下,我国学校体育改革进入了新的阶段,政府权力下放的程度较之前明显加大,根据三级课程管理的要求,政府权力的下放使得学校自主开发课程的空间得到拓展,这也对学校体育教师的课程开发意识与开发能力提出了较高的要求。开发校本课程能够激发师生的参与意识,使体育校本课程建设成为全员参与的集体活动。

（四）促进体育教育的合作

虽然体育校本课程的开发设计是以学校为主阵地、以体育教师为主体的,但在课程建设中离不开外部支持,其中教育科研院所研究者、体育院校的优秀教师等都是非常重要的援助力量,院校必须主动与专业单位、人员建立联系,达成合作伙伴关系,这样既对校本课程的顺利建设有利,也对促进体育教育的合作与交流有重要意义。

第二章　体育课程设计的要点与创新

（五）促进体育教师发展

体育教师是体育校本课程开发的主体,校本课程建设对参与主体的专业教学技能、科研能力均提出了较高的要求,所以说建立一支优秀的体育教师队伍是体育校本课程开发的一个基本条件。优秀的体育教师充分享有专业的自主权,在校本课程开发中能够自主决策,充分发挥自己的专业优势,实现自身价值。此外,体育校本课程的开发还有除体育教师之外的其他专业人士的参与,他们会对体育教师的开发提供支持、指导与帮助,体育教师在专业人士的指导下,或在与专业人士的合作中,不管是专业精神还是专业技能,都能得到提升。

三、体育校本课程开发设计的基本原则

体育校本课程的开发设计要贯彻校本课程开发的基本原则,主要包括以下几项原则。

（一）科学性原则

科学性原则是体育校本课程开发设计的第一原则,开发的校本课程必须是科学的,具体要符合以下两点要求。

1. 课程体系结构合理

开发的体育校本课程应在国家、地方课程的要求范围内,要与具有统一性要求的国家和地方课程相互补充、融合,形成结构合理、层次清晰的体育课程体系。

2. 课程内容科学

体育校本课程内容必须科学严谨,准确无误,具有逻辑性、学术性和实效性。

（二）学校为本原则

体育校本课程的开发与设计要以学校为主阵地,以体育教师为主体,以学校实际情况为依据,满足师生的需要,形成校园体育特色。贯彻学校为本的建设原则,要做到以下几点。

首先,一定要以学校为课程建设基地,以本校体育教师为课程开发主体。

其次,一定要从学校自身的特点、实际条件出发而进行校本课程建设,要解决体育教育的问题。

最后,将学校的育人理念、教育目标体现在体育校本课程的开发与设计中。

（三）整体性原则

体育校本课程的开发设计应在整体观视角下进行。在学校教育环境下学生获得的所有教育性经验都属于课程的范畴,可见课程本身就是一个不可分割的整体,因此在校本课程建设中必须贯彻整体性原则。

国家课程、地方课程和学校课程这三级课程是从管理的角度对课程进行的划分,而不是从根本上分割课程内容。体育校本课程建设从根本上来说是具有整体性的一种课程改革方式。在整体观的指导下进行体育校本课程开发,必须打破传统思想局限,突破零散化、碎片化的修补模式,在课程标准下从整体视角出发规划与设计课程,重组与改造课程资源,加强课程建设中各个环节的紧密衔接。

整体性原则要求必须在国家课程计划框架内建设校本课程,用校本课程弥补国家课程和地方课程的不足,追求国家课程、地方课程以及校本课程的均衡与协调。

（四）整合性原则

不同知识体系课程可以横向整合,基于这一认识而进行体育校本课程设计,对丰富的课程要素加以筛选,尊重各要素之间的差异,发现它们的内在关联,然后对其进行整合,建设有机统一的课程整体。

体育校本课程开发设计中整合的关键在于完成认知、知识、技能、情感等多方面的统整,重点要做好如下工作。

1. 学科间的统整

课程之间的横向联系是课程统整强调的一个关键,也就是将体育课程内容与其他学科课程内容联系起来,将学生所学的各学科的课程知识串联起来,促进学生综合知识能力的提升和综合经验的丰富。在体育校本课程设计中要培养学生融会贯通各学科知识以及综合运用这些知识的能力,使学生的学习经验更加完整。

2. 课程和学生生活的统整

结合学生的现实生活、个人经验而进行校本课程设计,只有根植于学生的生活经验、合理需求去设计课程,才能使课程的育人功能得到最大程度的发挥。课程统整要以学生的兴趣爱好、学习能力、学习需要以及个人经验为焦点,使课程内容真正融入学生的思想和内心中。

四、体育校本课程开发设计程序

体育校本课程开发是一个系统而复杂的过程,需要按照一定的步骤有序开展。总体来看,体育校本课程的开发包括成立组织、情景分析、确定开发目的、课程设计、课程实施五个基本步骤。下面展开具体分析。

(一)成立组织

体育校本课程开发的首要步骤是成立开发小组,开发小组以体育教研人员为主,其他相关人员为辅。成立开发小组能够为体育校本课程的顺利开发提供基本的组织保证,能够宣传课程开发的意义,动员相关人员积极参与、广泛支持、提供服务,促进有关人员之间的交流互动。

成立体育校本课程开发小组时,体育教研组的主体地位不能动摇,此外还要将具有代表性的体育教师、社区人士、家长、学生纳入小组中,这些代表性人士中,要特别强调体育教师的主体作用。要秉着科学民主、合作开放的原则成立开发小组,广泛吸纳代表人士的参与,集思广益,形成教育合力,共同为开发体育校本课程作出贡献。

（二）情境分析

体育校本课程往往是针对某一学校或某一区域学校的特定学生群体而开发的。不同地区的经济水平、社会环境、人文环境、教育水平等都存在一定的差异，从而造成了各地区教育的差异，同一地区不同学校的教育也有差异，不同学校在校本课程设计中各有特点，主要体现在课程选择、课程目标、课程组织实施以及课程评价等诸多方面。只有客观分析高校的办学理念、教育目标、教育资源特色、教育条件、师生需求等实际情况，从各校实际出发去开发校本课程，才能达到预期的目的。

深入调查分析学校情境是体育校本课程开发中不可缺少的一个步骤，通过分析，将与本校实际最相符的课题筛选出来，进一步突显学校的办学特色。关于学校情境的分析，应以学校体育资源分析、学生需求分析以及学校体育教育问题分析为主。

（三）确定开发目的

在开发体育校本课程中期望得到的结果就是体育校本课程开发的目的。在体育校本课程开发中要将开发目的明确下来，一般来说主要包括下列三个目的。

（1）促进学生发展。
（2）促进教师发展。
（3）促进学校发展。

（四）课程设计

校本课程设计环节主要包括课程计划的制订、课程纲要的设计以及教学指导书的编写三方面的内容。

1. 课程计划的制订

体育校本课程开发的总体安排与设计方案要体现在课程计划中。课程计划是关于体育校本课程开发的指导性文件，由体育校本课程开发小组参与制订，制订该计划要以高校的办学理念、教育目标、国家和地方体育课程纲要精神以及学校培养需求为依据。

课程计划中要将各项课程活动的设置确定下来,对各项活动的安排顺序、时数等作出规定。

2.课程纲要的设计

围绕体育校本课程而设计的关于课程开发的基本标准就是这里所说的课程纲要,其主要由体育教师设计。不管是体育校本课程教学评价,还是体育校本课程教学指导书的编写,都要以这一课程纲要为依据。

课程纲要主要包括两大部分,分别是说明部分和本文部分,各部分又具体包含多项内容。

(1)说明部分

包含课程的名称、类型、授课教师、授课对象和授课时间等内容。

(2)本文部分

本文部分包含以下内容。

①课程目标

根据学校教育目的和培养目标确定体育校本课程目标,具体包含下列几个维度的目标。

· 身心发展维度的目标。
· 认知发展维度的目标。
· 动作技能维度的目标。
· 情感态度维度的目标。
· 社会适应维度的目标。

一般采用筛选法、参照法等方法来确定体育校本课程目标,确定目标时要注意综合考虑目标的整体性、可行性、适应性以及有效性。

②课程内容

课程目标主要体现在课程内容中。在关于课程内容的安排中要注意以下几点。

第一,从学生的实际生活中筛选课题或主题,不要一味只参考教科书或教辅资料。

第二,课程内容要符合学生的兴趣爱好,要能够满足学生的学习需要。

第三,课程内容与学生的身心特点、认知特点相符。

第四,从校外体育资源中获取内容素材,如家庭体育资源、社区体育资源、俱乐部体育资源等。

体育校本课程内容丰富多样,对课程内容的安排与设计常常采用主题设计、单元设计以及分层设计等方法。

③教学方法

从本质上而言,体育校本课程中学生"学"的特征表现为"在活动中学"。它是一种主动发现式的学习,而不是被动接受灌输的学习。因此,体育校本课程教学中的教学方法应以协同教学、问题教学、情境教学为主,学习方法应以自主学习、合作学习、探究学习等为主。

(五)课程实施

体育校本课程实施是校本课程开发的重要阶段,是将课程付诸实践、使其走进课堂的过程,主要包括以下要点。

1. 课程的试验

在大规模实施前先进行小规模实验,积累经验以后,再进行大规模推广实施。在体育校本课程试验中要善于发现问题、解决问题。

2. 教法的选择

在体育校本课程实施中选择有效的教学方法至关重要,对教学方法的选择要注意面向全体学生,关注学生个体差异,确保所有学生学有所获。

第三节 体育精品课程设计

开发精品课程是近年来高校课程改革的一个趋势,通过开发精品课程,能够形成学校特色,提升学校形象和影响力,并能集中资源更好地培养学生。当前,为促进体育课程教学改革的深化,促进体育教学创新,使体育教学质量得到全面提高,高校积极开展体育示范性课程建设工作,即精品课程建设,将体育精品课程打造成为精品课程的品牌,使其成为高校

第二章 体育课程设计的要点与创新

高水平体育教学的一个标志。精品课程最大的特点是"高水平",无论是教学内容、教学方法和教学管理,还是教材和教师队伍,都体现了这一点。本节主要对高等院校的体育精品课程设计进行分析与研究。

一、体育精品课程设计的必要性

(一)顺应新课改的趋势

体育精品课程是顺应我国高等学校在确立面向21世纪教学内容和课程体系改革计划实施的初始阶段所标明的课程建设的范式,是教学改革的新增长点。然而,在高校体育教育中,教学资源是相当有限的,体育教师的教学能力也是存在差异的。高校体育教学中优秀的学科领导者、课程建设的积淀以及传统教学模式等一系列有利或不利的因素使高校体育教学改革和教学质量的全面提高在短期内无法顺利实现,面对改革的种种困难,要想取得突破,就要建设不同于传统体育课程的新型课程,而精品课程就是能够提高体育教学质量的高水平课程之一。

(二)传播价值理念的需要

体育精品课程是高校体育课程的品牌代表,表明我国高校贯彻《普通高校体育课程教学指导纲要》后在课程建设方面取得了新的发展与进步。在高校中建设体育精品课程能够对科学的价值理念进行传播与弘扬,这些价值理念主要表现为:质量是维持课程生命活力的根本要素;形成由体育名师和稳定的体育教学骨干所组成的优秀教学团队;建成影响广泛深远且具有代表性的体育课程;通过体育课程改革带动其他项目课程的创新,促进高校体育教学整体质量的提高;营造良好的教学氛围,促进体育教师及其他项目授课教师创新能力及综合职业素养的提高。

(三)发挥独特功能的需要

体育精品课程是高校体育教学中高水平与优秀课程的典型代表,通过建设这类课程,体育运动的魅力能够进一步彰显,并给其他学科精品课程建设带来启示。高校体育精品课程面向的实施对象是大学生,能够对大学生产生积极的影响,可以将体育的育人价值充分发挥出来,其他任何学科的课程都不能代替这一优秀的课程。在高校所有重点课程中,体育精品课程的地位及其产生的影响力是不可小觑的。在高校体育教学中,教学工作者以创设精品课程为傲。

（四）受外部促成因素的影响

（1）高校在扩大招生规模后,办学资源不足,且资源质量较低,面对这一窘境,要想促进体育教学质量的提高,就需要对精品课程进行建设,并发挥其示范作用。

（2）高校的办学理念与思想在不断变化与更新,所以对体育教学质量进行衡量的指标与方法也在相应变化,建设体育精品课程可以为教学质量的衡量提供一个可靠的方法。

（3）高校体育教学改革过程中,不可能在短期内实现对教学内容、方法及模式的改革,而且改革的效果在短期内也不明显。鉴于此,可以将建设体育精品课程作为一个实验,发挥其导向作用。

（4）高校大学生的价值观在不断变化,要想促进高校体育教学目标的顺利实现,就需要让大学生对"健康第一"的理念与思想有一个正确的认知,而建设体育精品课程对吸引大学生的注意力,帮助其充分理解"健康第一"的价值理念具有积极意义。

二、体育精品课程设计的科学指导

（一）体育精品课程设计的原则

设计高水平的体育精品课程,需要贯彻以下几项基本原则。

1. 针对性原则

高校开发体育精品课程,必须从高校体育教育的特点和现状出发,将基础教育内容、专业教育内容纳入课程体系中,使高校体育教育的问题得到有效解决,教学质量得到有效提升。

第二章　体育课程设计的要点与创新

2.实用性原则

一般来说,学生的学习动机与所学内容的使用价值是成正比的,所以必须结合大学生的实际需要去开发体育精品课程,使之与学生的学习需求、学习动机相符,体现出精品课程内容对学生的实用性价值,尽可能使学生获益终身。

3.创新性原则

随着科技的发展尤其是现代教育技术的不断发展,高等教育理念、教育手段也不断推陈出新。作为体验新科技的主力军,当代大学生以社会时尚群体的角色引领时代潮流,将现代科技融入自己的生活和学习中。在这一背景下,高校也应依托现代科技打造体育精品课程,实现课程升级,满足学生追求新知识、新技术的需要。

4.高绩效原则

开发体育精品课程,将精品课程付诸实践,开展精品课程课堂教学,要强调课堂教学效果的高绩效、高质量,以提高教学绩效为准则来完善精品课程教学体系,建立体育精品课程有效教学的实施方案。

(二)体育精品课程设计的策略

1.精准聚焦,明确目标

体育精品课程的设计有利于促进体育课程教学绩效的提升。在课程改革视域下设计体育精品课程,要明确课程目标,做到精准聚焦,包括对学员和任务的聚焦。
(1)聚焦学员
新时代背景下的高校体育教学既要培养学生的知识获取能力,又要培养他们的专业技能,高校要结合新时代对学生的新要求有针对性地开展体育教育工作,使学生拥有活跃的思维和良好的创意,将游戏化思维、互联网思维等运用到学习和未来工作中,鼓励学生主动介入课程建设和课堂教学,提高其参与的主动性。

（2）聚焦任务

体育课程的任务主要是通过实施课堂教学而完成的,在体育精品课程课堂教学中,要重视学生的参与和体验,设计能够给学生带来良好体验的场景化学习环境,促进学生课堂参与感的提升。此外,将课堂教学与课后指导结合起来,促进知识技能的有效迁移,促进学生将课堂所学转化到课后实践中,达到学以致用的效果。

2. 整合方案,注重实效

对体育精品课程建设方案加以整合与优化,能够使精品课程更加实用,课程绩效进一步提升。

（1）提炼整合方法

体育精品课程建设方案可通过两种渠道来提炼和萃取,一种是横向渠道,另一种是纵向渠道。

横向渠道指的是横向借鉴,即借鉴其他学科精品课程建设的经验,打开思维,加强跨学科融合和跨界创新。纵向渠道是指纵向贯通,即对体育专家、优秀体育教师及其他体育工作者的先进知识经验进行萃取和整合,促进专业智慧上下融会贯通和经验共享,从而提升高校体育精品课程建设的科学性和实用性。

（2）搭建流程结构

设计体育精品课程要遵循基本的流程,合理安排课程结构,基本要求是核心标题数量不宜过多,关键内容适当多一些,知识点不能有重复,要能够让学生通过课程结构而快速将自己需要的知识成功检索。课程结构的设计流程有两种常见方式,一种是单向流程,一种是循环流程,二者应该并存,并加以整合、优化,突出课程内容在结构上的循序渐进性。

3. 精选教法,引导实践

在高校体育精品课程的开发与设计中,精选教法是核心环节,也是有效实施体育课程教学的关键。体育精品课程经过设计与优化后,付诸实践要从以下三个方面着手。

（1）课前体验

课前体验的目的是使学生产生学习兴趣和动机。课前创设游戏化情境，触发学生学习的动机。例如，设计技能游戏各种关卡，使学生主动学习技术动作，像"打怪兽"一样升级自己的技能，最终达到"王者"地位。

（2）课中应用

课中应用的目的是满足学生的参与需求，通过设计"开放参与节点"和"多元互动方式"，提升学生的课堂参与感。

（3）课后转化

课后转化的目的是确保学生"学有所得、学以致用"。现代教育技术的发展打破了传统课堂教学的局限，体育教学除了应采取"线下"课堂教学的形式外，还应进行"线上"互动，增进师生交流，如通过"在线微课教学"，使学生随时随地得到指导；通过"智能化测试系统"，为进行师生考核提供便利。立体化教学有效推进了知识与技能的迁移。

三、体育精品课程设计的建议

（一）合理安排教学内容

安排体育精品课程的教学内容，要以精品课程教学目标和学校实施精品课程的具体条件为依据，所安排的教学内容要满足科学、新颖、信息量大等基本要求，并及时掌握前沿的体育教学理论与创新的体育教学方法，将体育专业的发展成果纳入教学内容体系中，对基础性教学内容和先进性教学内容予以兼顾，并将传统与现代的关系调节好。

体育教学内容大体可分为理论教学内容和实践教学内容，理论方面的教学内容应以体育与健康常识、体育专业术语、体育竞赛规则等为主，实践部分要打好健身体育的基础，然后强化运动技能教学。理论与实践两个层面的体育教学内容必须有机结合，并明确理论课和实践课各自的教学目标，顺应教学目标调整各类教学内容和所用课时，促进学生体育理论素养和运动技能水平的提升。①

---

① 颜敏.我国体育院校体育精品课程建设研究[D].成都体育学院，2019：26.

（二）采用高效的教学方法与手段

在高校体育精品课程建设中，还需要从教学对象的实际情况出发，在了解学情的基础上，对科学有效的教学方法与手段加以设计和选用，以最大化地发挥各类教学方法的功能价值，最大程度上提升教学效益。在体育教学方法与手段的设计、选择、运用中，教育工作者重在研究和探索，并将多媒体领域的先进技术手段运用到体育教学中。

比如，在理论教学中，采用多媒体手段制作 PPT，概括总结主要教学内容，教师也可鼓励学生自己采用多媒体技术制作学习方案。在实践教学中，设计微课教学法、翻转课堂教学法，提高学生学习的积极性。在实践教学中还应该组织教学比赛或创造能够使学生外出实践操作的机会，提高学生的运动技能水平。另外，在体育教学考核方法的设计中，需将过程评价、结果评价结合起来。总之，在体育精品课程教学中要采用先进的方法与手段来提高教学效果，实现教学目标。

（三）建立精品课程管理机制

1. 明确课程建设目标

体育精品课程建设要体现课程的"精"，就需要在开展课程建设工作之前将课程建设目标明确下来，并树立先进的课程理念，坚持以人为本原则，尽可能建设能够实现传授专业知识与技能，培养理论与实践能力，提升自主学习能力等目标的精品课程，以多层次目标为导向开展详细的课程建设工作。

2. 完善课程管理、运行机制

建设体育精品课程是一个完整的系统，具体包括课程申请、课程评审、课程立项、课程开发设计、课程质量认证、课程评价验收、课程推广应用等一系列工作环节，从系统论视角出发对体育精品课程建设进行统一规划，建立健全体育精品课程管理机制，能够为体育精品课程建设提供科学的理论依据和步骤参考。在体育精品课程建设中不断加强整体调控和各环节的具体管理，能够对课程的整个开发过程加以规范，最终提升课程

第二章 体育课程设计的要点与创新

建设的效率和质量。

3. 建立激励机制,引导课程更新

体育精品课程建设离不开体育教师的参与,为调动教师建设精品课程的积极性,应将课程建设成果与教师的职称评定、薪酬奖金挂钩,从而对教师产生激励作用,提高广大教师参与课程建设的热情与主动性。课程建设方案应根据实际情况而灵活调整与更新,促进课程创新,这也需要通过激励机制来鼓励教师与时俱进,不断创新。

4. 建立评价体系,保证课程质量

在体育精品课程建设的管理中,应该建立一套科学合理、成熟且行之有效的课程质量评价机制,该机制的建立应以课程建设目标为依据,通过评价与管理实现课程建设目标。

管理者应该全方位对体育精品课程的质量进行评价,评价主体也应该是多元化的,除了要进行领导评价外,专家评价、同行评价以及学生评价也是不可缺少的。在多元的质量评价中,不断发现问题,及时改进与解决,促进体育精品课程质量的优化与提升。

建立精品课程质量评价体系,要不断健全评价指标体系,指标体系中应该包含课程建设不同阶段的评价指标,如课程立项阶段的入选指标,课程中期建设的检查指标,课程验收阶段的指标和复审阶段的指标。在实施各项指标的评价中,要公平、公正和公开,提高评价的透明度,使相关利益主体心服口服。

(四)建设优秀的课程建设团队

1. 优化团队结构

年龄结构、学历结构、职称结构能反映出体育师资团队水平的高低。各年龄、学历、职称的教师在课程开发、教学、科研方面要相互学习、共同进步。在课程建设与教学实施中既要有明确的分工,又要形成一个团结的队伍,做到有分工、有帮扶、有带动。合理安排不同教师的教学活动和课程设计角色,使每位教师的优势得到充分发挥。

2. 提高教师的教学能力

要想实现体育精品课程设计目标,必须通过具体的教学活动来实现,教师是组织开展教学活动的主导因素,体育教学质量的好坏依赖于体育教师教学能力的高低。因此,体育教师要不断加强对课程标准的理解,不断进行教学设计创新,注重对课堂教学的组织管理,从而提高教学效果。教师之间要多进行交流,学习、总结、积累教学经验,提高教学水平。

3. 提高教师的训练能力

较强的运动训练能力是体育教师进行实践教学的基础,教师只有拥有突出的专业水平、丰富的训练比赛经验,才能更好地教学、带队。高水平的体育教师在教学、训练中的示范动作更加准确、标准,能使学生更好地建立动作表象,提高学习效果。

4. 提高教师的科研能力

增强体育教师的科研能力也是优化体育师资队伍的重要方面。科研是很多术科教师的不足之处,所以要鼓励体育教师在日常教学工作中加强学术研究,完善知识结构,引进前沿学术成果。体育教师还要多参加学习、培训、交流等活动,不断充实与完善自己,提升自己的专业教学能力,从而在体育精品课程建设与教学过程中更好地发挥自己的价值,作出贡献。

第四节 体育课程思政建设

随着课程思政理念的提出及其在高校体育课程中的深入渗透,一些高校的体育课程思政建设已经提上日程。加强体育课程思政建设是通过体育课程践行中国特色社会主义核心价值观的必然要求,是解决当前高校体育课程发展困境的有效手段,也是完成立德树人重要任务的重要路径。体育课程本身的思政属性就很鲜明,而且具有独特的育人功能,因而在高校良好的思想政治氛围中进行体育课程思政建设也具有可行性。体育课程思政建设既必要,又可行,在具体实施中要遵循科学理论的指导,结合实际情况探索有效建设路径,以提高高校体育课程思政水平。

一、课程思政与体育课程思政概述

(一)课程思政的内涵

课程思政是指以构建全员、全程、全课程育人格局的形式将各类课程与思想政治理论课相结合,形成协同效应,把"立德树人"作为教育的根本任务的一种综合教育理念。

课程思政具有丰富的内涵,下面主要从课程思政的本质、理念、结构、思维以及方法五个方面解析课程思政的内涵,如图 2-1 所示。

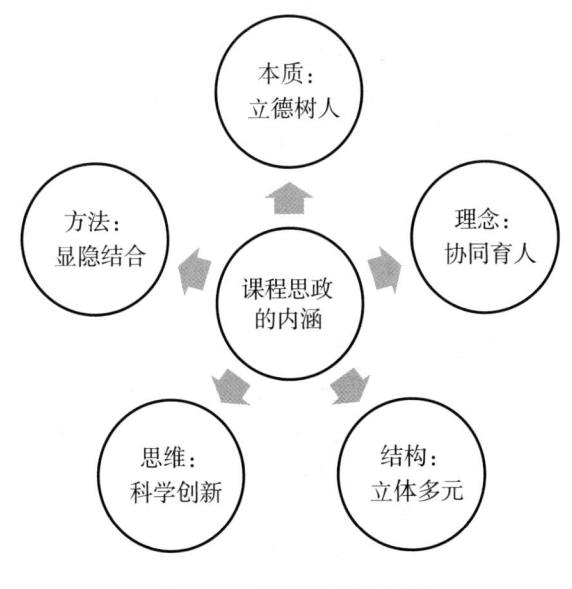

图 2-1 课程思政的内涵

1. **本质:立德树人**

从本质上而言,课程思政是一种教育,教育的目标是立德树人。育德是育人的基础和前提，我国教育发展史上一直强调育德的重要性，主张育人、育才要有机统一，这是我国优良的教育传统。育人先育德，育德就是要进行思想政治教育，培养德才兼备的人才，为国家输送道德品质好、专业素养高的全面型人才。在思想政治教育中，要以德"立身""立学"和"施教"，引导学生形成正确的世界观、人生观和价值观，树立科学的民族观、文化观、历史观，从而对民族传统文化进行传承，并不断创新。总之，通过思想政治教育，要培养德、智、体、美、劳全面发展的综合型人才，这才是社会发展所需的人才，是中华民族伟大复兴所需要的建设者和接班人。

2. 理念：协同育人

我国提出课程思政的育人观，主要就是倡导各学科专业课程的教学与思政教育并行，二者同向同行，共同培育全面发展的人才，这充分体现了课程思政的协同育人理念。协同育人是学校教育的重要使命，也是我国教育方针的具体体现。一所学校的教育水平如何，主要通过该学校培育人才、输送人才的数量和质量来衡量，而且所输送的人才应能够成为国家的合格建设者和可靠接班人，能够为实现中国梦作出贡献。可见，学校教育是服务国家和民族的教育，高等教育尤其如此。高等教育直接为国家输送优秀人才，培养的人才对国家建设越有利，高校在教育界就越有话语权。

3. 结构：立体多元

课程思政是一种多元统一的教育理念，这里的多元包括传授知识、塑造价值和培养能力，将三者有机统一，便形成了结构上立体多元的课程思政。传统教育的结构以传授知识和培养能力为主，相对单一，课程思政的教育结构却是多元的，这是教育结构不断变化和日益完善的表现。在传统课程教学中，虽然也强调传授知识、培养能力以及塑造价值，但在课程实施过程中往往将三者割裂开来，不利于培养全面发展的人才。课程思政实现了三者的统一，使课程教学回归育人本质。

课程思政要求教师在教学过程中尽可能从学生日常生活出发寻找具有实质性的介入方式，只有介入学生日常生活，才能真正了解他们的需求，了解他们遇到的问题与困惑，可以是学习中的问题，也可以是生活中的问题，在融入思政教育的课程教学中有针对性地帮助学生解决问题，使学生将所学知识、技能运用到生活中解决问题，并将在教学中塑造的价值

第二章　体育课程设计的要点与创新

运用于社会交往中,充分发挥学习收获的积极作用,这样学生才能够真正领会知识的力量,领会思想政治教育的价值。

4. 思维：科学创新

当前,我国正处于社会转型的关键时期,处于文化大繁荣、多元文化交织的时代,在这一时代背景下,创新思维和科学思维缺一不可。在新时代,培养大学生的思想政治素质非常重要,通过培养,要使大学生形成正确的立场,树立正确的观念,以科学的方法分析和解决问题,在学习中善于观察、思考,善于在实践中学习和领悟,对时代的发展方向要有正确的把握,对社会的主流和支流、现象和本质要能够正确辨析,要形成多元思维,包括系统思维、科学思维、历史思维和创新思维。

课程思政将科学思维展现得淋漓尽致,课程思政中体现的科学思维与唯心主义、机械唯物主义相对立,是一种用历史唯物主义和辩证唯物主义的方式看待事物的思维。当前,国际社会上出现众多社会意识形态,这些意识形态在国际社会不同领域风云变幻,多种社会思潮观念并存且交锋激烈,在这一背景下,我国教育界需要科学思维才能顶住压力,需要加强思政教育才能抵住侵蚀,可见将思政教育融入不同学科课程中非常必要。只有加强思政教育,树立科学思维,才能将牢固的思想防线树立起来,使学生在面对各种错误思潮时能够自觉抵制。

课程思政不仅体现了科学思维,还体现了创新思维,强调将思政教育融入除思政理论课以外的其他学科课程中,如果像传统思政教育一样单靠思政理论课教育培养学生的思政素养,显得孤掌难鸣,力量比较单薄。而如果能够在思政理论课之外的其他课程中融入思政教育,在课程思政的实施中树立创新思维,谋求新的出路与发展,创造新的方法与空间,那么思政教育将得到创新发展,思政育人目标也将在更高层次实现。与此同时,在其他学科课程教学中融入思政教育也体现了学科课程的创新,对提高学科课程的实施效果和教学质量也具有重要创新意义。

5. 方法：显隐结合

在人才培养中,要先回答三个根本问题：一是培养什么样的人,二是怎样培养,三是为谁培养。只有明确了这三个问题的答案,才能在坚持社会主义办学方向的基础上明确人才培养方向,提高人才培养质量。人才培养是一个复杂的工程,其中涉及诸多培养体系,包括教材体系、教学体系、管理体系等,而无论是哪个体系,思想政治工作体系都始终贯通其中。可见,在人才培养的蓝图中,思想政治工作必不可少。课程思政的提出也恰好反映了这一点,在人才培养中践行课程思政,围绕思想政治教育对人才培养的目标、内容、模式、方法等进行改革,在各类培养人才的课程的实施中,将政治认同、国家意识、文化自信等思政元素融入知识传授、技能培养中,将知识、技能的显性教育与思想政治隐性教育有机统一,能够培养全面型人才,促进学生全面发展。

(二)体育课程思政的内涵

体育课程思政指的是以体育课程为载体,将思政教育元素融入课程教学中,构建融体育知识传递、体育能力培养和思政教育于一体的体育教育实践活动。体育课程思政在发挥思政教育价值方面主要是通过显性教育和隐性教育两种方式实现的,其中显性教育作为主要教育方式发挥了巨大的作用,隐性教育作为辅助方式也发挥了一定的作用,这两种教育方式相辅相成,都是不可或缺的。在体育课程思政的显性教育中,体育教学作为主要载体形式,以比较简单、直接的手段对学生进行思政教育,对学生正确的社会主义核心价值观进行培养。

(三)体育课程思政的特点

1. 育人和健体相结合

青少年学生处于人生的重要时期,学校要特别重视对学生的栽培与引导,在开展教学和培养人才时要紧紧围绕立德树人的根本任务而展开。近年来,随着国外各种文化的不断涌入,一些学生的价值判断力明显下降,尤其是受到西方价值的影响,导致部分学生对社会主义思想缺乏高度的认同,这对我国社会主义核心价值观建设造成了严重的阻碍。对此,要紧紧围绕立德树人的根本任务对学生进行思想政治教育,培养全面发展的人才。

增强学生体质,培养学生良好的锻炼习惯,这是体育课程的基本任务。体育课程思政除了要完成体育课程的基本任务外,还要完成立德树人的任务,在培养学生健康体质、提升学生体育理论知识素养和实践技能水平的基础上,将核心价值观教育融入体育课中,引导学生形成正确的世界观、人生观和价值观,达到全面育人的良好效果。

2. 思政元素丰富多样

随着体育事业的不断发展和各项体育运动的改革创新,体育运动的育人功能越来越突出,其中所蕴含的思政元素在体育全面育人中发挥了重要的作用。体育项目本身丰富多样,各类项目包含的思政元素各有特色,如武术中蕴含着深厚的武德文化和家国情怀,集体球类运动中富含团队精神、合作精神和集体主义价值观等思政元素等。在体育课程中充分挖掘思政元素,将专业教学内容与思政元素巧妙结合起来,能够培养学生的优秀品质,使大学生得以全面发展,成长为中国特色社会主义建设的中坚力量。

3. 内部统一性

人体身体素质,如力量、速度、耐力、灵敏、协同、柔韧等,能够在体育运动中得到充分展现。这些身体素质共同构成了人体运动素质,它们是有机统一的。体育运动本身就是一个有机统一体,它是外部的、显性的,相对而言,课程思政是内部的、隐性的,体育运动与课程思政好似矛盾体,但其实二者之间有千丝万缕的联系,二者的相互连接与促进主要体现在同一性上。课程思政中蕴含着强大的精神力量、先进的社会意识和重要的社会主义核心价值观,在体育课程中注入这些元素,更加有助于促进体育教学、体育训练和体育比赛的深层次发展,同时也能够使课程思政建设更加丰富、具体和清晰。可见,体育课程思政是一个有机整体,在具体实施中体育和思政不可分割。

二、体育课程思政建设的理论基础

(一)人的全面发展理论

要办好教育,就不能只是一味传授知识和技能,否则就不能称得上是优质的教育,好的教育除了要做好传授知识和技能的基本工作外,还要关注学生的健康状况,培养学生的道德品质和意志品质,提升学生的综合素养,促进学生全面发展。这是新时代我国人才培养中强调的重点,是构建全面发展型人才培养体系必须要解决的课题。高校进行体育课程思政建设，着手体育课程思政教学设计，必须着眼于马克思主义人的全面发展理论，从而为课程思政建设与教学设计提供科学的理论依据。

马克思认为，教育应该是自由的，是能够促进受教育者全面发展的，如果依旧在传统分工体制下进行体力和脑力相分离的教育，那么就无法培养出真正的人才。从这一点来看，马克思的思想观念是，教书育人必须是对全面发展的人才进行培育，在人才培养中体育、智育、生产劳动教育必须是紧密结合的，不能分割。在教育上，马克思主张为增强学生体质，磨炼学生意志，要加强身体教育，发挥体育的作用。体育和智育同等重要，而且技术培训、技能教育也很重要。只有将这三种教育结合起来，才能促进人全面而自由地发展。这一理念值得我们在体育课程思政设计中借鉴和参考。①

当前，我国的教育方针是"培养德、智、体、美、劳全面发展的社会主义建设者和接班人"，这是马克思主义关于人的全面发展的理论经过长期实践检验的新成果。当前，我国政府高度重视教育事业的发展，并强调教育工作要让人民满意，要加强素质教育，实施公平教育，为中国特色社会主义建设培养全面发展的建设者人才。新时代、新形势对教育提出了新的要求，高校要认真思考要培养什么样的人才，要构建全面育人体系，也就是培养德、智、体、美、劳全面发展的人才的教育体系，要在文化知识教育、思想政治教育中贯彻立德树人。这是中国特色社会主义制度下对高等教育的新要求，也为高等教育制定人才培养目标提供了方向。

立德树人是非常重要的育人准则，优质的教育必须贯彻这一准则，"人无德不立，育人的根本在于立德""高校立身之本在于立德树人"。立德树人要求高校加强思想政治教育、道德品质教育和社会主义核心价值观教育，对学生的良好品质进行培养，为国家输送自尊自立、自信自强的优秀人才。我国的教育方针经历了多次变革，但重视教育事业、遵循育人规律是始终不变的。在课程思政理念下加强体育课程改革，实施体育课程思政建设，设计体育课程思政教学体系，能够促进高校人才培养质量的提升，使高校完成培育德、智、体、美、劳全面发展的社会主义建设者和接班人的重大使命。

---

① 陈晓雪. "立德树人"视域下大学体育课程思政建设研究[D]. 湖南工业大学，2022：30.

第二章 体育课程设计的要点与创新

（二）人本主义教育理论

传统教育的基本格局是以应试教育为中心,而人本主义教育理论的出现打破了这一格局,推动了教育的转型,更加关注素质教育,通过素质教育促进人的全面发展。

从哲学视角而言,人本主义教育理论认为知识教育应该放在生命教育之后,应该以人本身的存在为第一位,育人是教育的实质,所以人应该成为教育的中心,围绕人来进行教育,从而培养人的个性、塑造人的才能、提高人的社会适应能力,使教育对象真正成为社会中的人。

从心理学视角而言,人本主义教育理论指出,教育要关注人的全面发展,在具体教学中要将思想教育、知识与技能教育、情意教育、价值观教育等结合起来,如果只是进行知识与技能教育,学生只有学习知识和运用技能的能力,那么不能算是全面发展的人,而在进行知识与技能教育的同时配合价值观教育、健康教育、道德教育、人格教育等各方面的教育,才能培养全面发展的人。

人本主义教育理论在教学目标上强调自由而全面的发展,强调自我价值的实现。马斯洛的需求层次理论指出,自我价值的实现属于最高层次的需求,可见人本主义教育理论中关于实现自我价值的教学目标并不是容易达成的,要先使学生最基本的需求得到满足,比如生理需求、安全需求,然后逐步向实现归属需求、尊重需求过渡,各层次的需求一步步得到满足后,最后也将满足自我价值实现的需求。

自我价值的实现具体在教学活动中从多个方面体现出来,如成功激发潜能、塑造正确的价值观以及获得全面发展,具体包括德、智、体、美各方面的均衡发展以及各方面能力的提升。在人本主义教育理论下,体育课程思政建设与教学设计要坚持以人为本的指导思想,不仅要培养学生健康的体质,激发学生的运动潜能和提升学生的运动能力,还要将情意教育潜移默化地融入体育教育中,从而引导学生形成正确的价值观,并磨炼学生的坚强意志,培育学生的集体主义精神,如此既能培养全面发展的社会主义建设者和接班人,也能继承人本主义教学理论,使该理论在实践应用中更加成熟与完善。

现阶段,以传授技术动作为主、对精神价值引领不重视的问题在我国高校体育教学中普遍存在,体育教师对"培养全面发展的人"这一育人目标缺乏深入理解,因此在体育课程思政设计中特别要以人本主义教学理论作为理论参考,强调精神价值引领的重要性,在以人为本的前提下通过体育思政教育培养全面发展的人。

三、体育课程思政建设的理念

（一）落实立德树人根本任务，育人与育才相统一

深入贯彻落实习近平总书记关于体育和学校体育工作的重要思想，以立德树人为根本任务，把思想政治教育贯穿体育专业人才培养体系，全面发挥体育课程思政教学育人铸魂的重要作用，通过体育理论教学与运动技能教学，引导学生树立正确的世界观、人生观和价值观，培养有理想信念、有使命担当、有专业追求的大学生。[①]

在体育课程教学中避免单纯的知识和技能传授，将常规教学与价值观、品格和能力培养有机结合起来，真正实现以树人为目标，以育才为使命，促进学生全面发展。

（二）构建协同育人体系，显性教育与隐性教育相统一

首先，体育课程思政建设要树立面向所有专业学生的理念，使学生从体育课程教学中受到德育熏陶。

其次，要将课程思政的内容和方法在各门体育课程的教学过程中予以渗透，发挥体育专业课程的育人功能。

再次，要将体育理论教学、体育实践体验有机结合，增强课程思政的系统性，将体育课堂教学、课外体育活动、校外体育活动进行一体化构建，提升体育课程思政体系的丰富性。

最后，要重视显性教育和隐性教育的结合，显性教育侧重体育知识和技能的教学，而隐性教育侧重精神、品格和价值观等方面的培养。

（三）树立"健康第一"的理念，切实提高学生的健康素养

将"健康第一"的理念贯穿于体育课程教育教学全过程，把全面提升学生健康素养纳入体育课程思政教学体系，聚焦以健康观念、健康知识、健康技能、健康管理能力等为主要内涵的学生健康素养，促使学生养成健

---

① 黄城昊.湖南省大学公共体育课程思政建设研究[D].湖南工业大学,2022:17.

第二章　体育课程设计的要点与创新

康文明的生活方式,培育学生积极向上、意志坚强、团结合作、坚持不懈的优良品质。[1]

四、体育课程思政建设的基本原则

体育课程思政建设要贯彻以下四项基本原则。

（一）马克思主义指导原则

马克思主义是立党立国的根本指导思想,学校办学要坚持社会主义方向,将马克思主义作为根本指导思想。作为对社会发展主流思想进行传播的主阵地,教育工作涉及众多学科和专业,无论是哪个专业或哪个学科的教学,马克思主义都是最根本的指导思想。同样,体育课程思政建设也要以马克思主义为指导,严格贯彻这一原则,从而保证在符合社会主义发展要求的前提下开展体育课程思政教学,保证体育课程思政教学不会偏离社会主义发展的方向。只有坚持以马克思主义为指导,坚持正确政治导向,社会主义核心价值观才能通过体育课程思政教学真正得以彰显。

体育课程思政建设坚持以马克思主义为指导的原则,要求在体育课程思政教学中融入意识形态教育,始终坚持并不断巩固马克思主义在学校意识形态教育中的指导地位。此外,还要在体育课程思政教学的相关环节中恰到好处地融入社会主义核心价值观,实现价值引领的作用。

（二）问题导向性原则

体育课程思政建设与教学设计还要贯彻问题导向原则,将强化问题意识、坚持问题导向作为教学活动的逻辑起点。具体而言,在体育课程思政建设中贯彻该原则要做到以下几点要求。

1. 发现问题、正视问题

一些学校虽然开设了体育课程,但也只是为了完成上级部门布置的教学大纲与任务,只注重最后的考试成绩,对体育课堂教学没有精心设

---

[1]　陈晓雪."立德树人"视域下大学体育课程思政建设研究[D].湖南工业大学,2022:22.

计,只是在课堂上一味强调多练习,对体育的内在价值和深刻内涵缺乏真正的理解。此外,在教学内容上,以体育基础知识和运动技能为主,强调掌握基本理论知识后要不断练习运动技能,强调动作要标准,速度要快,但对传承体育精神、实施体育价值引领却不够重视。纯粹的理论教学内容或运动技能教学内容不够生动,缺乏趣味性,感召力也不强,不易引起学生的兴趣,也难以使体育课程的思政育人优势得到发挥。在体育课程思政建设中要及时发现这些问题,并认真对待问题,将解决实际问题作为体育课程思政建设的重要突破口。

2.研究问题、解决问题

(1)拓展体育课程教学内容

将体育课堂作为主要教学平台,立足学生实际需求,在体育课程思政教学中既要增强学生体质,又要引导学生坚定理想信念,形成积极向上的健康生活方式,走出虚拟的网络世界,多学习、多运动。在体育教学中既要传授基础知识,教授运动技能,又要普及与传播体育文化,在体育课堂教学中融入中国梦教育、社会主义核心价值观教育,发挥体育课堂的优越性,实现全面育人的目标。

(2)挖掘体育的教育功能

体育课程最主要的功能是能够增强学生体质,提高学生的运动技能水平。但体育课程的功能非常多元,不限于此。除了这些基本功能外,还具有重要的思政教育功能、德育功能、智育功能、美育功能。充分挖掘体育的教育功能,将体育精神培育、思想政治素质教育、人格培育、道德素质培育等融入体育课堂教学中,有助于促进学生全面发展,使学生深入理解体育精神,并在长期的运动实践中形成积极拼搏、团结向上、坚持不懈、爱国爱集体等美好品质,这将为体育课程思政的进一步发展带来新的曙光。

(3)提升体育教师的综合素质

体育课程思政的建设水平、体育课程思政教学的实际效果等都直接受到体育教师自身综合素质的影响。作为体育课程思政的建设者与组织者,体育教师要自觉学习习近平新时代中国特色社会主义思想,不断提升自己的思想政治素养和道德素养,并将这些收获内化为教学能力,从而在体育课程思政设计中真正秉持以人为本的原则,以学生为中心,引导学生树立正确的人生观、世界观和价值观,最终完成立德树人的任务。

第二章 体育课程设计的要点与创新

(三)可操作性原则

为了充分发挥课程思政设计的功能,需要在课程思政设计中遵循可操作性原则,确保所设计的课程目标经过努力可以实现,设计的教学内容能够满足学生的需求,设计的教学方法有助于实现教学目标,设计的教学评价方式能够客观反映体育课程思政实施的效果。

在体育课程思政建设中贯彻可操作性原则,要求体育教师将思政教育元素充分融入体育课堂中,将知识技能传授与价值引领充分结合起来,从而更好地发挥体育课程本身的思政教育优势和德育功能。此外,体育教师设计的体育课程思政教学目标、教学内容、教学方法等要便于学生理解和掌握,并要得到学生的认可,这样便于体育教师进一步开展融入思政教育的体育教学工作。

具体而言,在体育课程思政建设中贯彻可操作性原则需要注意以下两点要求。

第一,体育教师要立足体育教学实际、思政教育实际进行体育课程思政建设,基于对学生实际需求、社会发展需求等多因素的综合考虑完成体育课程思政目标、内容、方法以及组织形式等要素的设计。

第二,为了增加体育课程思政实施的便捷性,要结合体育课程的特点、思政教育的特点加强二者的融会贯通,既要防止按思政课的模式上体育课,又要将体育课程中蕴含的丰富的思政教育元素融于体育课程内容的实施中,在具体教学过程中循循善诱,促进学生情感的升华和科学价值观的建立,在潜移默化中实现体育课程的情感、态度与价值观目标。

(四)继承借鉴与改革创新相结合原则

体育课程思政建设也要贯彻继承借鉴与改革创新相结合的原则,继承体育课程的传统思政特色和优势,总结和提炼体育课程思政元素,同时要与时俱进,用发展的眼光对新时代下体育课程思政教学的新内容、新方式进行设计,健全和完善体育课程思政体系,培养担当民族复兴大任的时代新人。

五、体育课程思政建设的科学路径

进行体育课程思政建设,并不是简单地将思政教育内容机械性地融入体育课程教学中,而是要从体育教学的特点和需要出发,在体育知识传授和技能培养的过程中对学生进行思政教育,其中必然离不开对体育学科中自身思政元素的挖掘,力求充分发挥体育课程的思政育人价值,实现综合教学目标。鉴于当前我国体育课程思政建设现状不理想,下面针对其中一些问题提出改革建议。

(一)学校领导提高重视

体育课程思政建设的实施需要学校领导及有关行政部门的大力支持和协调,以形成体育课程思政工作的整体领导机制,以合理的工作机制推进体育课程思政建设进度。学校领导还应该客观评估体育课程思政建设质量,促使体育教师在具体的体育教育活动中渗透思政教育,形成求真严谨的思政教育风气,避免形式主义。

此外,为了提升体育课程思政建设水准,学校有关部门也要"精准反馈",及时调整与完善体育课程思政建设中的不合理环节,切实保证体育课程思政建设的正常进行和最终质量。

(二)深入挖掘体育课程中的思政元素

要促进体育课程思政建设,必须对当前的体育课程建设模式进行优化,对体育课程中的思政元素进行充分且深入的挖掘,以优秀的师资为依托,与思政相关课程的授课教师探讨如何将思政教育融入体育课程建设中。利用体育课程本身的思政元素和德育功能培养学生的世界观、人生观和价值观,优化体育课程与思政教育融合的教学大纲,切实促进体育知识技能教育与德育、价值引领的统一,将立德树人融入体育知识传授与技能培养中,知识技能教育和思想政治教育并重,以全方位、立体化培养全面发展的人才。

(三)立足学生,全面参与

立德树人是课程思政建设的主要目标,具体就是要促进学生思想道

第二章 体育课程设计的要点与创新

德水平的提升和实现全方位协调发展。不同学生因为成长环境、个性特征等的不同,他们的思想意识是有差异的,对价值认同、道德评价标准也有着不同的认识与理解。为提高学生的思想意识水平,促进学生正确理解道德评价标准,以高标准严格要求自己的道德行为规范,树立正确的价值观,应在体育课程教学中融入课程思政理念,具体要满足如下两点要求。

第一,立足实际培养学生的体育专业素养,首先培养学生对体育运动的兴趣,普及体育基础理论知识,使学生进一步了解体育运动,然后通过深入教学,促进学生体育认知水平、文化基础水平和技能水平的提升。

第二,举办丰富多彩的体育文化活动,将体育文化内涵渗透其中,培养学生的体育精神,并使其深入了解体育文化内涵与思政教育的融合点,对体育课程中的思想政治元素主动进行探索,自觉在体育知识与技能的学习中接受思政教育,增强思想政治意识。

(四)丰富与完善体育课程思政教学内容

在体育课程思政建设中,不断挖掘体育课程思政的内容资源,健全与完善体育课程思政内容体系也是至关重要的。在体育课程教学中融入思政教育,主要是在理论课中进行相关安排与设计。例如,在向学生普及与讲解某个运动项目的竞赛规则时,培养与增强学生的规则意识、公平竞争意识。此外,在实践课上也能够贯穿思政教育,可以结合真实体育比赛案例,尤其是学生熟悉的优秀运动员的案例,使学生体会不同体育项目中蕴含的体育精神和思想道德规范,以此启发学生向优秀运动员学习,自觉遵守规则和道德规范,学习运动员坚韧不拔、拼搏奋进的精神。也可以通过讲述某项运动的辉煌历史,如中国乒乓球的历史来培养与强化学生的民族自豪感和爱国主义精神。

(五)改革教学方法,深入实施思政教育

传统体育课程教学方法以讲授法、示范法、练习法为主,教学方法相对单一,缺乏创新。陈旧、枯燥的教学方法使一些学生对体育课提不起兴趣,没有学习的热情,课上不认真学练,课下也不主动巩固知识与技能,导致教学效果较差。事实上,传统僵化的体育教学模式已然不能适应现代社会对体育课程教学的要求了,只有从教学方法上寻求突破、加强改革,不断创新,才能改变体育教学的这一现状,使学生对体育课程产生浓厚的

兴趣,积极参与体育运动。

体育课程教学方法的创新方式有很多,在课程思政理念下,结合思想政治教育的要求进行教学方法创新具有重要的现实意义。具体要求为,充分发挥体育课程的德育功能,采用开放式教学方法教育学生,将思政元素融入传统教学方法的实施中,综合运用多种方法和手段进行教学,使学生不仅掌握体育知识与技能,还能在潜移默化的思政教育中提升个人道德素养和综合素质。

为了在体育课程思政实施中达到更好的育人效果,体育教师可以根据教学实际设计翻转课堂教学方法,首先对体育运动中具有价值导向的要素加以整合,再运用任务驱动、问题讨论、文化比较等方法引导学生完成教学任务,鼓励学生以小组为单位合作学习,共同分析与解决问题,这有助于培养学生的合作意识和沟通能力,并能启发学生积极思考,主动探索,营造积极向上的学习氛围。在具体运用翻转课堂教学方式时,可参考图 2-2 所示的基本流程。

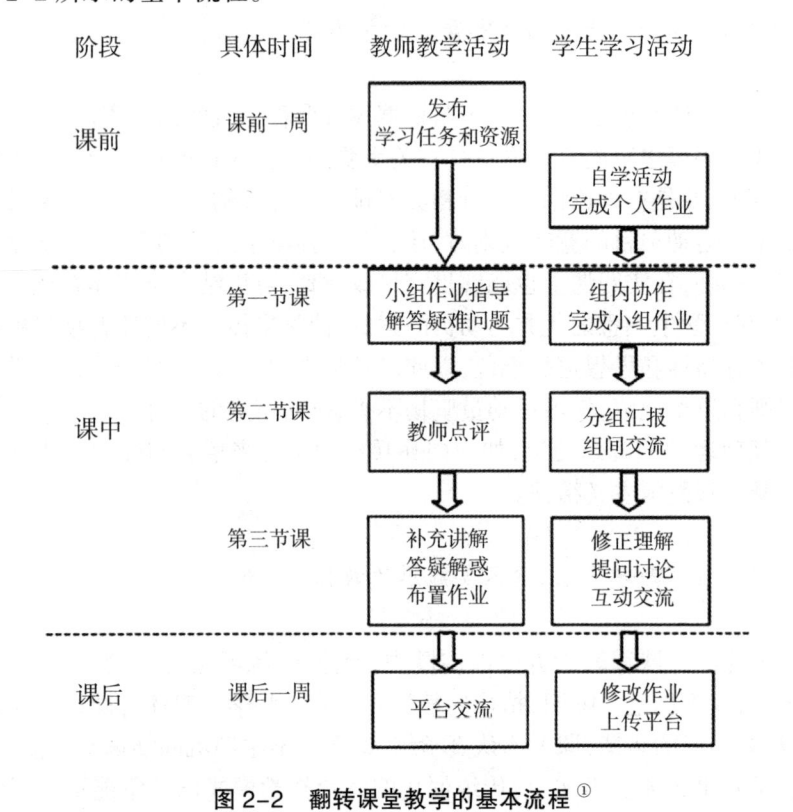

阶段	具体时间	教师教学活动	学生学习活动
课前	课前一周	发布学习任务和资源	自学活动完成个人作业
课中	第一节课	小组作业指导解答疑难问题	组内协作完成小组作业
课中	第二节课	教师点评	分组汇报组间交流
课中	第三节课	补充讲解答疑解惑布置作业	修正理解提问讨论互动交流
课后	课后一周	平台交流	修改作业上传平台

图 2-2 翻转课堂教学的基本流程[1]

---

[1] 王惠. 大学体育翻转课堂模式构建 [J]. 鄂州大学学报,2023,30(02):91-93.

第二章 体育课程设计的要点与创新

（六）构建与完善体育课程思政教学评价机制

在体育课程思政建设中，为促进建设工作的顺利开展，需要在教学管理体制中融入课程思政相关评价。体育课程思政教学是一个完整的系统，既包括课程思政的教学目标、教学内容、教学方法，也包括最后的教学评价环节，这是评价体育课程思政育人效果的重要环节，在课程思政教学管理中要重视对育人评价机制的创建与完善。具体而言，健全与完善体育课程思政教学评价机制要从以下两方面进行。

第一，在体育课程思政教学评价中，将体育教师的师德师风作为评价内容之一，并将此作为教师职称评定的一个指标，以此发挥教学评价的激励作用，鼓励体育教师自觉提升自己，在教师队伍中形成良好的思政教育风气和全面育人风气。

第二，采用多元化的评价角度、评价方式和评价指标实施评价，打破传统教学评价中以技能评价、总结性评价为主的模式，注重考查学生的道德素质、体育精神和学习能力。在评价中要充分体现课程思政的要求，激励师生共同参与体育课程思政建设。

（七）提升体育教师的课程思政能力

体育课程思政建设质量如何、课程思政实施效果如何，关键在于体育教师。体育教师作为体育课程思政的建设者与执行者，其自身的思政道德水平、思政教学能力直接影响最终的育人效果。从这一角度来看，要提高体育课程思政建设水准和课程思政育人水平，就必须加强对体育教师的思想政治教育与培训，促进其思想道德水平的提升、课程思政意识的强化以及将课程思政融入专业课教学中的能力。

为促进体育教师思政教育能力和专业教学能力的提升，应将德育意识培养的相关内容融入教师培训体系中，并督促体育教师对中国特色社会主义核心价值观进行系统化学习，引导体育教师在不同体育课程中发现与思政教育的结合点，并充分利用各类体育教学内容本身的思政元素、德育功能来教育学生、培养人才。学校可以组织体育相关的"思政课程"培训活动，鼓励体育教师积极参加培训，并与专业思政课的授课教师多交流、沟通，共同研讨将思政教育融入体育课程的方法，促进体育教师课程思政能力的提升和综合育人能力的强化。

六、体育课程思政建设质量评价

在全程育人、全方位育人理念不断成熟的当下,体育课程思政建设成为践行这些教育理念的重要环节之一,有关体育课程思政建设的研究也越来越多,但关于建设质量的研究却很少,其实关于体育课程思政建设质量的研究可以有很多切入点,比如:研究建设质量在内涵、表现、形态(显性、隐性),整体思考影响建设质量的主体要素,立体化剖析各项影响因素,等等。但现实中这些方面的研究都处于缺失状态。体育课程思政建设必须注重质量,在"立德树人"的思想引领下以"质量"为导向,加强对建设质量的督导与评价,这样才能使体育课程思政建设内容更加规范,使建设形式更趋于科学合理,因此有关体育课程思政建设质量的评价理应成为体育课程思政研究的一个方向。

(一)体育课程思政建设质量评价机制

为了引导体育课程思政建设过程的规范进行,为建设工作的开展提供机制支持,并提供有保障的可行路径,需要建立体育课程思政建设质量评价机制,如图2-3所示。

图2-3所示的体育课程思政建设质量评价机制比较完整,具体包括评价目标、评价方式、评价标准、评价总结和评价反馈五个要素,要充分发挥质量评价的功能,就要对这五个评价要素提出基本要求,即评价目标要合理,评价方式要多元,评价标准要可靠,评价总结要及时以及评价反馈要精准。具体分析如下。

1. 合理的评价目标

体育课程思政建设质量评价过程的开展、评价标准的制定以及评价方法的选择等都会受到质量评价目标的影响。体育课程思政建设质量的评价目标必须是合理的,具体要满足以学生发展需求为导向、多维化、全面化等要求。在制定课程思政建设质量评价目标时,要以学生为本,围绕学生的需求去制定。

在体育课程思政中培养学生的思政素养往往要经历四个不同的阶段:第一是知识接受阶段,第二是行为反应阶段,第三是价值倾向化产生阶段,第四是内在价值体系形成阶段。不同阶段的教学要求不同,体育教

第二章 体育课程设计的要点与创新

师要依据此对各阶段的思政教学目标进行制定,并从学生的发展需求出发制定针对整个体育课程思政教学过程的整体评测目标。

除了要以学生为中心外,还要对体育课程思政建设主体的思政素养、体育课程思政教学团队的合作能力、体育课程思政教学资源的开发、体育课程思政教学过程的设计等因素进行综合考量,从而进一步保证质量评价目标的合理性。

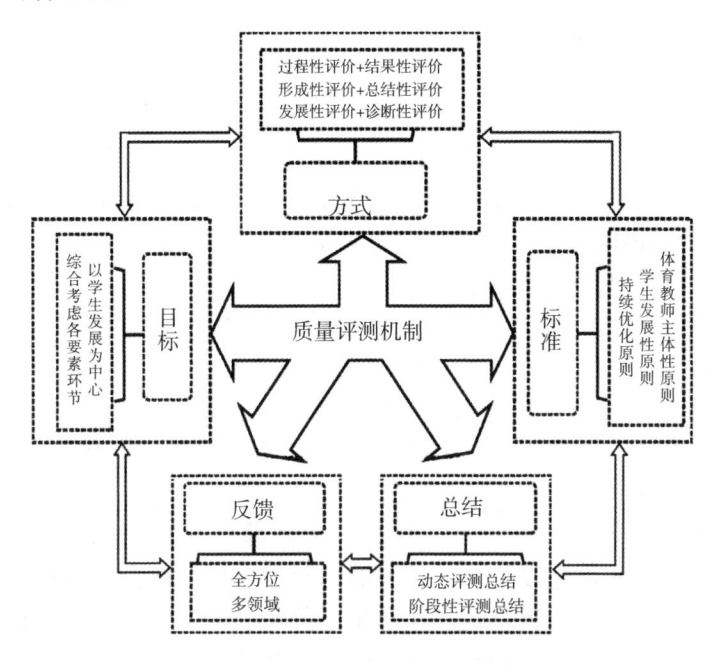

图 2-3 体育课程思政建设质量评测机制[1]

2. 多元的评价方式

在体育课程思政建设质量评价中,采用的评价方式越多元,对体育课程思政育人成果的检验就越全面,而且也越容易发现体育课程思政的问题,改善建设现状,提高育人水平和人才质量。

体育课程是体育教学的基础单元,完整的体育教学过程包含着课程建设质量的评价,因此应立足整体来进行课程建设质量评价,采取能够反映整体概况的多元评价方式。在高校体育课程中融入课程思政,要始终

---

[1] 赵富学,黄莉,王相飞.体育课程思政建设质量督导与评测[J].体育教育学刊,2022,38(01):8-14+103.

立足"立德树人"的根本任务,遵循体育教学和课程思政的基本规律,将多元评价方式结合起来,如总结性评价要与形成性评价结合起来,发展性评价要与诊断性评价结合起来,结果性评价要与过程性评价结合起来,只有如此,才能对体育课程思政建设过程和质量进行全面督导,使高校体育课程思政的育人成效更加显著。

3. 可靠的评价标准

在体育课程思政建设质量评价机制的构建中,制定质量评价标准是一个核心环节。质量评价机制要想实现螺旋上升和持续改进,必然离不开可靠的评价标准。体育课程思政建设质量评价标准必须是可靠的,在制定评价标准时要注意以下几方面的要求。

（1）以学生的发展为中心

制定体育课程思政建设质量评价标准时要围绕学生的发展来进行,但不能只看学生的学习结果,还要对学习过程给予重视,使制定出来的评价标准能够对学生多层面现状进行有效评价,包括知识评价、能力评价和价值观评价等,从而保证体育课程思政教育过程做到有的放矢。

（2）重视体育教师的主体性

在体育课程思政教育的开展中,体育教师是不可或缺的主体,其思政意识、思政教学能力以及教学反思能力对体育思政教育质量有直接的影响。因此,在体育课程思政建设质量评价标准的设置中要纳入有关体育教师思政教学能力方面的评价指标,使体育教师高度关注和重视体育课程思政建设的质量要求,为提升建设质量而自觉提升自己,发挥自己的价值。

（3）持续改进评价标准

体育课程思政建设质量评价标准不应一成不变,应结合实际情况灵活调整。不同高校所设置的体育课程思政建设质量评价标准应该既有共性,又有个性,要体现出地方特色和学校办学特色,构建特色化课程思政建设质量评价标准体系。

4. 及时的评价总结

体育课程思政建设要始终坚持"立德树人"根本任务的引领,保持正确的建设方向,打破体育课程与思政课程"表面结合"的困境,及时总结体育课程思政建设中的问题,然后有针对性地处理与解决问题。体育课程思政建设质量评价总结必须做到及时,这就要求将动态性评价总结和阶段性评价总结这两种方式结合起来。

(1)动态性评价总结

实施动态性评价总结,就是在体育课程思政教学中实时观察学生情感、态度与价值观的变化,在经过体育课程思政教学后考查学生的思想道德品质,从而对体育课程思政教学效果有所了解。在动态性评价总结的最后,还要归纳总结的结果,为之后建设工作提供参考。

(2)阶段性评价总结

在体育课程思政建设到某一阶段时,阶段性地考查学生的综合能力,这就是阶段性评价总结。在阶段性评价总结中,要积累评价经验,对缺失的地方要深入分析,以切实优化体育课程思政建设的阶段性成果,最终整体提升课程思政建设质量,完成"立德树人"的根本任务。

5.精准的评价反馈

评价反馈必须精准,只有精准的评价反馈才能在体育课程思政建设过程中发挥重要的监控功能、反馈功能和调节功能,推进体育课程思政建设的顺利进行,促进体育课程思政建设质量的提升。体育课程思政建设质量评测人员对有关质量数据信息进行全方位收集、整理,深层次剖析、研究,与全面测评学生的综合素质精准对接,根据评价结果及时反馈重要信息,总结问题,邀请有关专家和课程建设者共同研究论证,再进一步反馈,经过共同讨论得出提升体育课程思政建设质量的对策。

(二)体育课程思政建设质量评价路径

在体育课程思政建设质量评价中,要采取以下路径有序开展评价工作,提高评价水准,以真实反映建设成果和存在的问题(图2-4)。

```
                    ┌─── 组建评价团队
                    │
                    ├─── 规范评价秩序
高校体育课程思政      │
建设质量评价路径 ────┼─── 丰富评价方法
                    │
                    ├─── 优化评价工具
                    │
                    └─── 总结评价经验
```

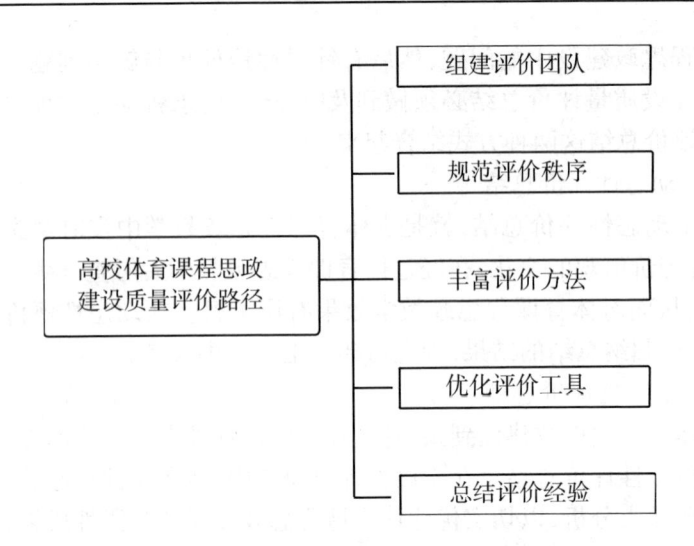

图 2-4　体育课程思政建设质量评价路径

1. 组建评价团队

体育课程思政建设质量评价离不开一支优秀的专业队伍,因此在质量评价中首先要组建既专业又权威的优秀团队。该评价团队除了包括体育教师外,还应包括思政课专业教师,还可以纳入同样进行课程思政建设的其他学科教师。不同教师观念互补、方法互补,群策群力,发挥集体优势,有助于整体推动体育课程思政建设评价工作的顺利开展。

专业评价团队应全方位、多角度分析体育课程思政建设现状,并最终以评测报告的形式呈现分析结果,真实准确地反映体育课程思政建设情况,使体育课程思政建设者认识到不足,有针对性地解决问题,提高课程思政建设质量。

2. 规范评价程序

对体育课程思政建设质量的评价非常重要,在评价中要制定完备的评价制度,尤其是关于体育教师进行体育课程思政教学的评价制度,并不断规范评价程序,使体育课程思政建设质量评价工作有条不紊地展开,提高评价效率和最终效果。另外,有必要构建一个"制度群"来保障体育课程思政建设的顺利进行,并为各级管理者相互沟通交流提供便利。无论是什么样的制度,都要按照规范的程序去落实,从而推动体育课程思政建设朝着制度化方向稳步迈进,保证体育课程思政建设的系统性和规范性,切实提高体育课程思政建设质量,实现全面育人目标。

3. 丰富评价方法

聚焦体育课程思政建设质量和体育课程思政教学活动,对多元评价方法予以采用,促进评价环节的不断完善。通过丰富有效的评价,使体育课程教学的原有模式发生转变,使体育教师自觉积极地在体育教育的各个环节中融入思政教育资源。具体要采用什么样的评价方法,要结合思政教育要素、师生等主体要素、学校办学特色与办学条件等实际要素等综合考量,评价方法多元丰富,更有利于顺利开展体育课程思政建设质量评测工作。

体育课程思政教学中往往将显性教学法和隐性教学法结合起来,所以在课程思政建设质量评价中也可以采用显隐结合的方法。而且,在选用评价方法时,还要紧扣培养什么样的人、怎样培养人、为谁培养人这三个人才培养的基本问题,为体育课程思政建设与教学实施指明方向。

4. 优化评价工具

对体育课程思政建设质量进行评价与检验,还必须采用有效的评价工具。评价工具是否有效,直接影响评价成效。评价课程思政建设质量,要以现实依据为支撑,因为现实依据是可靠的、可信的,同样的道理,开发与选用评价工具也要参考科学依据,这是必不可少的理论基础,能够保证评价工具的科学有效。优化评价工具要注意以下几点。

(1)立足体育课程思政目标

开发与选取体育课程思政建设质量评价工具,要从体育课程思政建设目标、建设要求、重点建设内容等方面着眼,以培养学生的理想信念、爱国主义情感、集体主义精神等为主线,从而系统地、综合地评价体育课程思政建设质量。

(2)兼顾普遍性和特殊性

对评价工具的开发还要兼顾普遍性和特殊性,评价工具既要在大部分高校评价中适用,又要能满足一些特殊学校的评价需要。

(3)体现阶段性和针对性

在体育课程思政建设的不同阶段要采取不同的评价工具。也就是说,评价工具本身也要体现出阶段性特征,从而准确得出关于某个阶段体育课程思政建设情况的结论,了解实情,为进入下一阶段打好基础。

（4）开发线上评价工具

随着信息技术的不断发展,信息化评价手段在高等教育中运用得越来越普遍,将信息化评价手段引入体育课程思政建设质量评价中,开发线上评价工具,并与线下评价相结合,构建"线上+线下"质量评价平台,公开评价过程,共享评价结果,能够有效提升体育课程思政建设质量。

5. 总结评价经验

体育课程思政建设在"立德树人"视域下具有什么样的重要意义,这需要通过精练与总结体育课程思政建设质量评价结果才能深刻释读和深入理解。高校要及时提炼和概括课程建设质量评价结果,对体育课程思政建设质量评价的问题有清晰的认识。体育课程思政建设质量受到诸多因素的影响,有好的因素,也有不利因素,在总结评价经验环节要及时明确有利因素,摒弃不利因素,并将有利因素充分利用起来思考如何促进本校体育课程思政建设质量的稳步提升。

在体育课程思政建设质量评价中,通过总结评价经验要做到举一反三,将影响建设质量的师生、学风等重要因素牢牢把握好,激发相关主体在课程建设中发挥自身优势和价值的热情,使其为课程建设的进行增添活力,使课程建设质量的提升更有可能性。

第五节 基于学科核心素养的体育课程设计

一、体育学科核心素养的概念

关于核心素养概念、内涵在国内外有广泛研究,但不同国家、地区因为地域文化和其他方面的差异,对核心素养的理解也不同。核心素养是一个人能够适应社会和个人发展的能力,我国学者以学生为出发点界定核心素养则侧重于核心素养是必备的关键"能力"和"品格"。

教育部发布了《普通高中体育与健康课程标准(2017年版)》指出:"学科核心素养是学科育人价值的集中体现,是通过学科学习而逐步形成

第二章 体育课程设计的要点与创新

的正确价值观念、必备品格与关键能力。"[1]

季浏等人的研究成果则将学科核心素养明确界定为科学育人价值的集中体现,是学生通过学科学习而逐步形成的正确价值观念、必备品格与关键能力。[2]

姜勇援引国外核心素养研究相关结论,认为人与工具、人与自己、人与社会是构成体育与健康学科核心素养的三个重要方面,其中人与工具指向利用体育学科理论知识支撑个人运动技能发展,通过体育创新形成个性化运动技能;人与自己指向自我健康管理中的体能发展、身心健康和个人体育动机及意识;人与社会指向个体通过体育运动技能发展所形成的社会适应能力、技能迁移能力及体育道德,三者相互支撑,共同构成一个整体。[3]

于素梅教授关于体育学科核心素养概念的诠释:体育学科核心素养是通过体育学科学习,学生所能掌握与形成的终身体育锻炼所需的、全面发展必备的体育情感与品格、运动能力与习惯、健康知识与行为[4]

尚力沛提出体育学科核心素养是学生在接受相应学段体育课程学习过程中,逐渐形成个性化的、指向社会未来发展需求和学生终身发展需要必备的品格与关键能力,并提出了由健康知识与行为、运动技能与习惯、体育品德与情感等三方面构成的体育学科核心素养框架。[5]

二、基于学科核心素养的体育课程设计的理论基础

(一)泰勒原理

《课程与教学论基本原理》(泰勒著)被认为是现代课程理论的奠基石。泰勒原理在本质上包含四个问题,并且存在一定的顺序过程。

---

[1] 阎智力.普通高中体育与健康课程目标体系研究 [J].体育学刊,2021,28(05):14-22.
[2] 季浏,钟秉枢.普通高中体育与健康课程标准(第2版)解读[M].北京:高等教育出版社,2018:77.
[3] 姜勇,王梓乔.对体育与健康学科核心素养内涵特征与构成的研究[J].中国学校体育(高等教育),2016,3(10):39-43.
[4] 于素梅.学生体育学科核心素养培育应把握的关键与有效策略[J].体育学刊,2017,24(06):84-88.
[5] 尚力沛,程传银.核心素养、体育核心素养与体育学科核心素养:概念、构成及关系[J].体育文化导刊,2017(10):130-134.

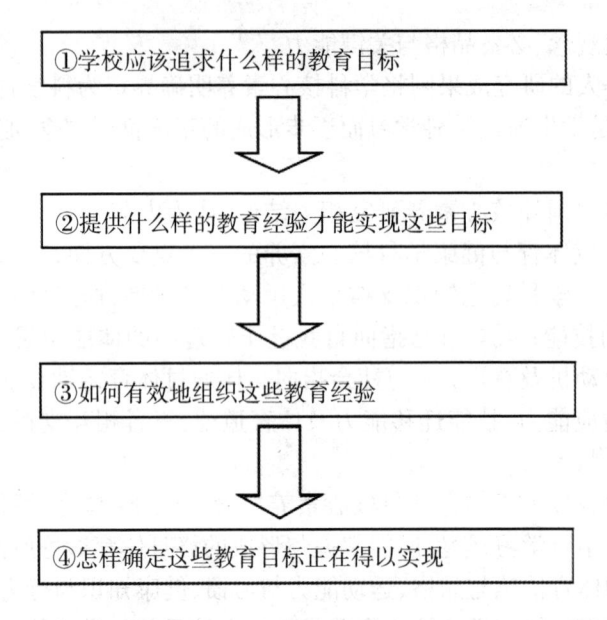

```
①学校应该追求什么样的教育目标
        ↓
②提供什么样的教育经验才能实现这些目标
        ↓
③如何有效地组织这些教育经验
        ↓
④怎样确定这些教育目标正在得以实现
```

图 2-5　泰勒原理的四个问题

这四个问题演化为课程设计理论的四要素：课程目标的选择、课程内容的确定，课程内容的组织实施和课程评价，其中目标的确定是最为关键的环节。泰勒原理认为目标的确定不是随意的，而是要经过"筛子"过滤后确定符合现实情况和学生需要的目标。

（二）逆向设计原理

逆向设计是威金斯和麦克泰在泰勒目标模式基础上持续深化的研究，逆向设计注重学生对所学知识的理解，评价前置。

```
确定预期目标 → 确定证明学生实现预期目标的证据 → 选择学习经验与组织教学
```

图 2-6　逆向设计原理

课程逆向设计遵循的程序，就是明确了预期学习目标（确定目标），但是如何得知学生已经掌握了所学知识（评价），同时为了完成目标我们应该采取何种措施（选择学习经验与组织教学）。这种思路逻辑上是合理的顺向的，但与传统的课程设计相比却是逆向的。

第二章 体育课程设计的要点与创新

结合逆向设计的原因是,针对体育学科核心素养中的隐性因素,使确定的课程目标指向更清晰明了。健康行为和体育品德是包含隐性因素最多的两个素养,其目标的达成很难用测量和量化。但是又如何确定学生已经形成这方面的素养呢,或者是已经理解了呢?那么根据逆向设计评价前置,确定一系列评价标准或方法,评价学生是否达到了预期目标。也就是说逆向设计的运用更能清晰地指出目标的实现结果。

三、基于学科核心素养的体育课程设计的基本原则

(一)基础性原则

学科核心素养的"核心"二字表明获得的素养是关键的、核心的与少数的,这是学生通过体育课程的学习必须具备且必须拥有的。学科素养是学习者了解学科必备的基础知识、基本技能和基本能力,科学的世界观,以及能用科学态度与方法判断与解决学科问题的能力。体育学科核心素养包含的三大方面是学生学习本学科其他内容的基础,尤其是运动能力,体育学科中运动能力是基础,是培养其他能力的根基。学校体育秉持着"健康第一"的指导思想,身体是实现一切理想和目标的根基,而以"学生发展为中心"的理念,是着眼于学生现实生活和未来发展的需要。

以体育学科核心素养为方向的体育与健康课程设计充分落实了党的十八大以来要求的立德树人的根本任务,《课程标准(2017年版)》要求学生熟练掌握一两项运动技能,力图打破学生上了十几年体育课却没有掌握一项运动技能的尴尬现象。以运动能力、健康行为、体育品德三方面为核心的体育课堂不仅强调学生对运动技能的掌握,更兼顾学生生活能力的养成与优秀品格的培养,做到立德树人、健身育人。

(二)人本性原则

当前我国教学改革经过一番尝试之后已经从之前注重结果教学向注重过程教学转变,教学主体也从社会本位向学生本位转变,现在学校教育都是为学生发展服务,以学生为中心。国家提出的立德树人的育人任务也是为了学生更好地融入新时代社会生活,以学生未来生活发展为出发点。体育学科核心素养培养学生最基本的素养,不仅包括学习内容本身,就学生个体而言,体育学科核心素养中的健康行为和体育品德更多的是培养学生做人的品格和生活的态度,为其未来更好地融入社会奠定基础。

体育课程是落实立德树人的根本途径,也是体育学科核心素养落实的重要载体,体育与健康课程以人本性为设计原则突出了以学生发展为中心的理念,对学生而言以人为本的培养理念是为其未来生活铺垫,就社会而言体育学科核心素养的人本性能使学生更好地过渡到社会人的角色。

(三)操作性原则

体育学科核心素养是一种理念化、抽象化的培养目标,培养目标的达成需要通过实践活动转化成具体的素养。体育课程是使体育学科核心素养成为学生具体能力的关键,体育课堂教学是体育学科核心素养转化为学生基本素养的重要途径。因此,体育学科核心素养在体育教学活动中必须是可操作的,是教师可以教、学生可以学的,尤其是在特定情境教学中可以以具体的方式展现出来的,并能够以有效的评价方式进行评价。最终通过一系列体育课堂实践,体育学科核心素养可以成为学生必定能够获得和实际运用的能力。

四、基于学科核心素养的体育课程内容的模块化设计

体育学科核心素养下的体育课程内容的组织需要把握国家育人理念与人才需求,深刻剖析体育学科核心素养的要求与价值,教师要全方位把握学科核心素养并能够贯彻实施。

(一)模块化课程内容的选择

课程内容是由知识、技能和情感、态度与价值观以及科目等要素构成,体育学科核心素养下的课程内容由运动能力、健康行为、体育品德和体育学科的各个运动项目构成。我国体育课程内容存在着繁(内容繁多,缺乏重点)、浅(学于表面)、偏(体育与健康互为失衡)、断(学段、学期间内容断层、不够系统连贯)等现象。针对这些现象,以体育学科核心素养为方向的体育课程内容选择要对体育知识技能进行动态处理、选择和建构,要追求内容的科学性、经典性与迁移性。

围绕体育学科核心素养的课程内容选择应该重点突出,基于学校实际和师资情况进行选择;针对其中的健康行为、体育品德素养培养的长期性,要求课程内容的选择达到系统性和整体性。基于以上情况可以根据学校具体开设的运动项目创造性地制定模块。例如,根据学校实际开设的运动项目,同一运动项目的模块集中在一个学期或学段内。

体育学科核心素养秉持的是"以人为本""以学生为本"的发展理念,因此教师在选择课程内容、设计课堂教学时可以依据教材,但教材不应该是唯一的依据,教师也可适当了解体育学科素养的价值与要求,了解学生的兴趣需求,从而有针对性地选择课程内容。

(二)模块化课程内容的组织

体育学科核心素养视域下体育课程内容的组织遵循连续性、顺序性原则,运动能力、健康行为与体育品德是一个相互联系的整体,不能将其割裂。连续性原则是指选择的体育课程内容直线式进行教授,使学生在不同的学习阶段能够不断重提之前的学习内容,可以反复、连续性地学习、练习,避免遗忘,但其强调的是同一水平上的反复学习。以武术完整套路教学为例,需要每次课堂进行重复练习,因为一旦中断不仅可能会出现遗忘的现象,而且学生的动作神态会大打折扣,因此需要连续性重复练习。

顺序性原则与连续性原则相似,但顺序性原则强调的是运动技术的层层递进,由简到繁、由易到难,特点是后面的技术动作是在前一节课学习的基础上进行。模块之间在内容的难易程度、教和学的要求等方面是有区别的,后一个模块在前一个模块的基础上内容更难、要求更高。

体育学科核心素养是一种综合性素养,它涵盖领域广泛,而学生形成体育学科核心素养的最终价值是能够将其整合运用到生活当中,解决生活中面临的实际问题。例如,运动损伤处理的教学不单单是体育运动的知识,更是糅合了医学知识,运动过程中受伤是不可避免的现象,而对损伤进行及时的处理就是将知识运用到生活中解决实际问题。

第三章　体育课程教学设计的系统分析

体育教学设计是现代体育课程教学系统中非常重要的一环,是运用系统、科学的方法发现、分析、解决体育课程教学中的问题,从而实现体育课程教学效果最优化的过程。科学有效地进行体育课程教学设计,对提高体育课程教学质量具有积极影响。

第一节　体育课程教学及其设计的基础理论

一、体育课程教学的基础理论

(一)体育课程教学理念

1.健康第一理念

在时代不断进步、经济迅猛发展的今天,我国对人才的需求越来越严格,对全面型人才的需求持续增加,因此学校教育在培养人才方面越来越注重全面发展。青少年学生作为国家的栋梁和民族的希望,承担着很大的学习压力,他们的时间大多被学习、兴趣班占据,而没有多余的时间参加体育锻炼,最终造成了学生体质健康水平逐渐下降的现状。很多学校对体育教育不太重视,对课外体育活动的举办也没有给予足够的支持与鼓励,组织体能测试也只是表面工作,所以学生的健康无法得到有效的保障。健康是奋斗的"本钱",如果学生身心不健康,是没有精力奋斗的,最终也没有能力为祖国建设贡献力量。为了更好地培养全面型人才,推动国家现代化建设,学校要树立"健康第一"的教学理念,在这一教学理念下制定体育课程教学方案,加强体育课程教学改革与创新,高度重视在体育课程教学中对学生健康体质的培养,为国家培养身心健康、全面发展的栋梁之材。

2. 快乐教学理念

体育课程教学如果缺少了乐趣,单纯严肃地讲解知识,传授技能,那么学生就会在漫长的枯燥的教学中失去兴趣,最终影响教学质量。可见,开发体育课程中的趣味元素,或将趣味元素融入体育课堂,提高教学的趣味性非常重要。这就需要在体育课程教学中树立快乐教学理念,强调培养学生体育兴趣和创造力的重要性,让学生的身体素质、运动能力在充满趣味、轻松活泼的氛围中得到提升。

在体育课程教学中树立快乐教学理念,要求体育教师将原来运动教学中的一部分用情感教学替代,在培养学生健康体质、运动技能的同时注重学生人格的培养与健全,同时要使学生树立自觉学习、乐于学习的学习观,在体育学习过程中享受乐趣,领悟奥妙。为了提高体育课程教学的趣味性,激发学生的学习兴趣,体育教师还要重视对传统教学方法的改革,适当设计一些游戏教学方法来活跃课堂氛围。

3. 终身体育理念

人们在任何时间和地点都能根据自身实际情况和现实需要而从事适宜的体育锻炼活动,这就是一般意义上的"终身体育"理念。终身体育包括学校体育、家庭体育、社会体育,这是从终身体育的构成空间上而言的,也有相应的构成人群,各个空间的所有人群都应该具备一定的锻炼能力,养成良好的锻炼习惯,这些都是终身体育的重要组成要素。不管是学校体育、家庭体育,还是社会体育,都充分彰显了体育运动的重要价值,如强身健体、愉悦心理、陶冶情操、防治疾病、延年益寿、社会交往等。鉴于体育运动对人的一生都有重要意义,体育课程教学中必须树立终身体育理念,构建终身体育教学体系,促进体育课程教育的深化与拓展,使体育运动伴随学生的一生,为学生的健康提供终身保障。

(二)体育课程教学原则

1. 适量性原则

适量性原则是指在体育课程教学中有意识地控制练习时间、强度和密度,防止过大的运动负荷造成学生过度疲劳或受伤。一定要在安全的前提下进行教学,在运动负荷的安排中遵循适量性原则,防止学生过度疲劳或过度兴奋,以免影响身心健康。体育课程教学的形式、内容、运动负荷都要符合适量性要求,在教学实施过程中具体要注意如下几点。

(1)合理调节负荷、节奏

根据学生的认知能力,一般在课堂教学前半部分可安排有一定认知难度的内容,比如新的或较难的动作,而后半部分则以难度较小或带有复习性质的内容。这样既保证了学生可以学习新内容,同时难度又不会过大,以免导致学生产生畏难情绪。从学生的情绪来看,应遵循循序渐进的原则来安排运动负荷,如果开始就安排让学生情绪过度兴奋的内容,会影响新动作的学习和掌握,因此,可以在后半部分适当地让学生的情绪释放,自由练习。

(2)科学安排时间

在体育课程教学过程中,教师要对教学时间有合理的把握,包括教师讲解和示范时间的比例要适当,如果时间太短,学生还不能完全理解,如果时间太长,学生的注意力容易转移。

(3)课前做好准备工作

体育课程教学多是在户外进行,这需要教师提前对天气情况有所了解,同时还要确保场地和相应设施的安全,这些都要求教师在课前做好充分的准备工作。此外,教师还要根据季节和气温情况调整教学中的运动负荷。在炎热的夏季避开日照强烈的时间段,选择活动量小的内容;在寒冷的冬季可适当增加练习密度和运动负荷。

2. 差异性原则

差异性原则是指,教师在体育课程教学过程中要充分考虑学生的个体差异。因为学生体质健康水平、运动基础、学习能力等存在差异,所以不适合采用一刀切的教学方法。体育教师要根据学生的个体差异程度采取不同的教学方法,对不同水平的学生进行不同的指导,做到因材施教。这就要求体育教师要具有丰富的教学经验,对学生的身心发育规律、体能差异、运动水平差异有一定的了解和掌握,并能够敏锐地观察每个学生在体育课程学练中的表现,进行适时的、正确的引导。

3. 启发创造原则

在体育课程教学中,教师不仅要传授体育与健康知识、体育专项技能,培养学生的体育理论素养与专项运动能力,还要开发学生的智力,培养学生的意志品质,丰富学生的情感,提升学生的创造力。要完成这些培养目标,就要贯彻启发创造原则,在教学过程中创设情境、设计问题,鼓励学生自主思考,独立或合作解决问题,这也是素质教育的要求。

在体育课程教学中贯彻启发创造原则,要做到以下几点要求。

(1)将学生的学习动机和热情激发出来,培养学生探索与创新的积极性。

(2)将培养学生的思维能力作为教学目标之一。

(3)设置适宜的、能够启发学生自觉思考的问题情境。

4. 师生协同原则

在体育课程教学中,教师的教与学生的学密切相关,相互影响、相互作用,整个教学过程也可以看作教师与学生频繁互动、协同完成教学任务的过程。鉴于体育课程教学的这一特征,在教学中贯彻师生协同原则非常必要。在体育课程教学中,既要承认与尊重教师的主导地位,也要高度重视与尊重学生的主体地位,体育教师发挥的主导作用与学生主体的能动性相互促进与协调,要特别强调学生发挥主观能动性对提高教学效果的重要性。在体育课程教学中贯彻师生协同原则,体育教师要做到以下几点要求。

(1)体育教师与教学对象之间要建立良好的关系。

(2)体育教师要使学生掌握适合自己的学习方式,将其学习的主动性与积极性调动起来。

(3)教学生动有趣,氛围和谐活泼,师生互动体现出民主性。

(4)师生平等对话,提高互动质量。

5. 兴趣原则

在体育课程教学中,要格外重视学生的兴趣表现。一般而言,学生对外界充满好奇心,愿意探索新奇的事物,兴趣是他们最大的动力。但是由于每个学生都具有一定的天性差异,有的喜欢偏游戏类的体育活动,有的更喜欢攻守激烈的竞技体育活动。这就需要体育教师在调动学生兴趣爱好、尊重学生个人兴趣的基础上,根据学生的兴趣爱好进行教学,这有助于充分调动学生学习的积极性和主动性。

6. 从实际出发原则

从实际出发原则是指教师在实施体育课程教学时,应该根据实际情况灵活地安排对学生发展最为有利的教学内容。比如,按照教案的安排,一节课有几个简单的技术,但是如果学生对该动作都已经非常熟悉,失去新鲜感和热情的话,教师应根据实际情况迅速作出相应调整,通过增加或降低难度、调整教学内容、变化教学方法等方式进行相应的变动与创新,选择最能激发学生参与热情的方式进行教学。因为只有学生全身心参与,才能获得良好的教学效果,真正使学生受益。

二、体育课程教学设计的基础理论

(一)体育课程教学设计的意义

随着教育理念的不断发展、先进科技手段在教育领域的广泛应用,体育课程教学设计的科学性不断增强,效率也逐渐提升,给体育课程教学的发展带来了重要意义。

通过进行体育课程教学设计,能够对体育教学过程进行优化,使教学活动更加有效,使学生更加积极主动地参与体育活动,从而提升体育课程教学质量。对体育课程教学进行设计,其实就是在明确教学目标的前提下,对体育课程教学方案进行整体设计、对体育课程教学活动进行详细安排。根据学生的身体素质、体育知识、运动能力、人格特质和个性特点等要素进行体育课程教学设计,能够帮助体育教师获得更加丰富的信息和

第三章 体育课程教学设计的系统分析

素材,能够根据学生的特点设计出能够最大限度地满足学生学习和成长需要的体育课程。具体而言,体育课程教学设计具有以下意义。

1. 提升体育教学工作质量

体育教学在很长一段时期都没有得到应有的重视,这种情况的发生有一定的历史、社会和文化原因。我国传统教育观念中一直将体育教育放在相对次要位置,再加上我国国情的影响,便一直将科技、工程等学科作为教育的重点内容,体育不可避免地要为其他对促进社会发展有更加直接作用的学科让路。在这样的环境下,我国体育教学发展落后,在很大程度上还沿袭着以往的教学理念和方法。

然而,通过重新设计体育教学,并针对目前发现的问题,可以很好地改进体育教学活动,无论是从体育教师的教学需要的角度进行,还是从学生的学习需要的角度展开,都能有效推进我国体育教学活动的健康发展,从而实现稳步提升我国的体育教学质量,并向着更加科学化、规范化的方向发展。

2. 促进体育教学理论与实践的结合

体育这一学科的特点,就是要理论与实践相结合同时进行,才能获得较为理想的教学效果。只偏重理论,明显不符合体育的本质,而若轻视理论只加强实践,那么又会因为缺乏理论根基,而导致体育教学无法获得长久有效的教学效果。并且,缺乏理论支持的实践,常常都是片段的而非系统的,这将对学生的长期发展产生不利影响。

因此,在今后的体育教学设计中,尤其要强调理论与实践相结合,将体育理论知识有机融入体育实践教学活动中,让学生能够意识到他们所有的体育实践活动都是在扎实的理论依据的基础上进行的,这对培养学生养成科学、正确的学习理念和学习方法,将产生深远的影响。能够促进学生在体育实践中,不仅有意识地精进自己的体育技能,还能有意识地思考相应的理论知识,并在需要的时候,能够主动寻求体育理论知识的支持。总之,通过理论与实践相结合的体育教学活动,将培养学生养成终身受益的学习意识和习惯,为学生的长期发展打下良好的基础。

3. 有利于加速对青年教师的培养

从体育教师的角度考虑,通过科学设计体育教学活动,还有助于加速青年体育教师的成长。若想加快加强我国体育教学工作的开展,必须重视起对体育教育人才的培养工作。青年体育教师的成长是一个较为漫长的过程,不仅需要扎实的理论和专业培养,同时也需要大量的工作实践才能完成。在以往的体育教师人才培养工作中,主要采取的是比较传统的、自然的成长路线。比如,有志于发展体育教育的人才,经过体育专业院校多年的培育,然后进入教学实践活动中,再经过经年的积累,青年教师逐渐发展和完善自己的工作技能,形成稳定的教学风格。然而,这一过程需要许多年的时间才能实现。如果能够加强体育课程教学设计,那么更加有效、更具实践指导意义的教学方案将促进青年教师的快速成才。因为不断优化和提升体育教学设计的过程,也是推动青年体育教师快速成长的过程。

科学有效的体育教学设计,将成为训练青年体育教师掌握体育教学基本原理、方法和实际操作技能的最有效的手段。并且,体育教学设计的实效性也推动着青年教师不断完善自身去适应教学要求的不断提高,从而形成不断加强的良性循环。

4. 激活体育教学手段的持续更新

体育教学设计的另一个重要意义,就是在不断优化和重写体育教学方案与内容的过程中,将先进的教学理念和技术手段引入体育教学活动中,从而为体育教学赋能,激发出更强的活力。

随着信息技术的发展,对教育手段的提升也发挥着不可忽视的促进作用。尤其近些年来,已经有很多非常适合体育教学的先进手段被纷纷采用,并明显地提升了教学效率和教学效果。从长远来看,对加快我国体育教育事业的发展具有持续的促进作用。

(二)体育课程教学设计的原则

体育教学设计需要遵循一定的内在逻辑而进行,尽管体育课程教学内容门类繁多、形式多样,但是只要符合体育教学设计原则,就能保证教学方案科学合理,既符合教师的教学需要,又满足学生的学习需要。

第三章 体育课程教学设计的系统分析

1. 系统性原则

首先,体育教学是一个非常复杂的系统,其内在涉及许多知识门类,无论是理论方面还是实践方面,都涵盖了诸多元素,而在各个元素交织配合的条件下,才让整个系统实现这一复杂的运行机制。因此,在进行体育教学设计时,首要原则就是坚持系统性原则,保证教学的每个组成元素之间,都具有某种内在的关联和呼应,从而使系统发挥出强大的作用。

其次,在构建系统性教学方案时,也要从各个主要元素的作用出发,为各个元素能够发挥出应有的作用而创造适宜的空间,即同时保证系统的整体与局部都能实现良好的运行。

总之,在系统原则的指导下,能够使体育教学设计形成系统的教学计划,为学生的全面发展奠定良好的基础。

2. 目标性原则

体育教学的目标性原则是指,体育教学从设计到实施都是围绕着具体的目标而进行的。基于某些教学目标、围绕现有的教学资源而开展有效的体育教学活动,为顺利实现某些具体的体育课程教学目标,必须围绕着教学目标设计教案和执行教学活动,这就是目标性原则的直接体现。

目标性原则的存在,可以确保教学活动的设计始终具有较强的针对性,不会偏离教学目标的要求,并且所选择的一切教学方法、内容、步骤安排等设计元素都是以有利于体育课程教学目标的实现为最重要的依据的。

3. 简明性原则

体育教学设计的另一重要原则是简明性原则。体育教学是一项内容和形式都十分复杂的知识传授活动,在此过程中,既要保证知识和技能的准确传递,又要保证教学过程的高效进行,因此,只有遵循简明性原则,才能保证教学效率和教学效果的同时实现。

简明性原则应贯穿在体育教学设计的每个环节,即无论是教学方法、教学步骤,还是教学内容、教学素材,都应本着简单明了的原则进行,让教师和学生在教学活动的每个环节都能清晰地知道,教学活动的目标是什么,应该做什么,需要哪些练习,以及学习这一知识或技能大概需要多长时间才能实现等。体育课程教学设计只有足够简明,在实施的过程中才更具指导性,方便教师和学生付诸实践。

4. 趣味性原则

趣味性原则是指在进行体育教学设计时,应有意识地提升教学过程和教学内容的趣味性,创造一种轻松有趣的教学氛围,这样将有助于调动学生的学习积极性和主动性,从而有效提升教学效果。

趣味性原则的实施并非十分容易,需要体育教师在熟悉教学内容以及学生的性格特质以及体育水平的基础上才可以实现。具体而言,可以重点关注以下几点:

第一,体育教师应尽快了解和熟悉所教学生的个性特质,特别是了解他们的成长特点和兴趣爱好。

第二,体育教师应丰富自己的知识技能储备,不断提升自身的综合素质、教学方法和手段,以激发学生学习的积极性,提高教学效率。

第三,选择合适的教学内容,让学生在愉悦的学习环境下进行学习,以获得运动技能的提高,实现教学目标。

5. 优化性原则

在设计体育教学方案的过程中,体育教师要事先做好一定的准备,要认真细致地分析教学系统内的各个元素,并将这些元素加以整合与优化,以实现最优的教学效果,这就是体育教学设计的优化性原则。

6. 操作性原则

在设计体育教学方案的过程中,体育教师要把握一定的可操作性原则,设计出的教学方案要能体现出便捷、实用、高效等特点,这样才有利于体育教学活动的开展。

失去可操作性,教学设计再优秀都不能称之为成功,因为不具备操作性的教学设计毫无意义。因此,在进行教学设计的过程中,应时刻谨记它的操作性如何,是否方便教师实施,是否对各种身体条件和运动水平的学生都能简单上手,不会产生畏难心理等情况。

7. 灵活性原则

体育教学不是照本宣科,而是理论结合实践的动态学习过程,教学过程会因为不同的教师、不同的学生而具有很大的不同,教学活动是一个复杂的系统,它的发展不是单向的、线性的推进的,而是系统内的多个要素同时发挥作用,但是你不清楚是哪个要素、对哪些学生、在哪里发挥了最重要的影响。因此,在进行体育教学设计时,还应谨记灵活性原则,而不是僵硬地设计各个要素。围绕着体育课程教学目标这一唯一不变的设计宗旨,尽量采用多元性、丰富的教学元素,巧妙地利用体育教学环境或者教学手段的差异性特点来加强体育教学活动的灵活性,使学生对体育学习总是抱有一定的新鲜感和期待感,因为在他们心里已经形成了一个稳定的认知,即体育学习是一个多变的、灵活的过程,充满冒险、挑战和吸引力。这些都是有利于体育教学的重要因素,这些因素决定了体育课的类型、模式、结构等,通过巧妙而灵活的设计,不断提升和优化体育教学效果,从而促进体育教学的持续发展。

8. 创新性原则

在所有体育教学原则中,创新性原则是不能被忽视的。若要保持体育教学设计的常新,必须遵循创新性原则。社会在发展,时代在进步,体育教学也要随着社会的发展而不断调整,只有保持创新性,体育教学才能更加符合国家和社会的发展需要,培育具有时代特性的人才。

需要注意的是,创新性原则并非要全部推翻原有设计,它强调的是在进行体育教学设计时,设计要保持一定的创造性,既要保护重要的传统教学模式或内容,也要敢于打破传统的局限性。在当前的教育背景下,体育教学设计的创新,是推进教学改革的重要手段,也是培养学生创新意识和创造能力的重要元素。只有在不断创新的环境里成长,学生才能将创新精神和创新意识内化为自身的基本素质,从而为培育具有创新能力的人才创造条件。

(三)体育课程教学设计的要求

体育教学设计除了要遵循相应的原则之外,还要遵守一些对教学设计的具体要求,从而保证教学设计的科学性和合理性,促进体育教学顺利、有效地开展。

1. 要全面体现素质教育的理念

在体育教学设计中,应紧紧跟随国家提出的教育精神,摆脱应试教育的遗留观念,将全面提升学生的综合素质放在教育的首位,改变以往以引导学生背诵和记忆知识为主的学习方式,加强对学生创造能力的培养,将以往的只重视技能培训,逐渐调整为加强对学生兴趣的培养,通过激发学生的主动学习热情,使体育教学更加贴近学生的实际生活。

在进行体育教学设计时,应充分尊重学生的主体地位,将学生的个性特征和在不同成长阶段表现出来的身体特点与性格特点作为设计体育教学的重要参考因素,将学生成长需要作为教学设计的重要目标。如此一来,通过充分代入学生的固有特点和发展需要,使教学紧紧围绕学生的所思、所想、所感,能够更好地调动学生的学习积极性和学习兴趣。当学生开始自觉自发地探索知识、加强技能训练的时候,教育的目的才得以实现,在这一过程中,教师要肩负起技能引导和兴趣激发的重要职责,使素质教育得以顺利进行。

(1)以学生为中心展开教学

在以素质教育为指导思想的体育教学设计中,首先应明确要将学生置于教学主体的位置,一切教学活动都应以学生为中心而展开。具体而言,就是从学生现有的条件出发,设计最适合学生发展的教学方案和实施计划,同时,让学生充分意识到体育学习和自己诸多的切身利益相关,能够促进自身的全面成长,能够获得健康的体魄,能够磨炼坚毅的品质,还能够掌握一些自己感兴趣的体育技能,这些都对促进教学设计有着至关重要的指导意义。具体而言,教学设计应建立在学生的身体基础、运动基础以及身心发展水平之上,在体育教学中,应大胆突破僵化的教学模式,将教学转变为一种方式、一种情境、一种过程,创造一种让学生可以轻松融入的学习氛围和学习环境。充分挖掘学生身上的潜能,促进学生的快速成长,使他们能主动发现问题、解决问题,为发展成为具有较高综合素质的人才打下良好的基础。

(2)坚持"健康第一"的教育理念

以"健康第一"作为体育教育的首要前提,是发展素质教育的重要体现。由于体育教学就是围绕着提高身体素质和运动水平而展开的,根据体育学科的特点提出的教育观念,是体育教学改革的方向,其中素质教育是最大的热点。

通过科学的体育教学设计,将发展学生的整体健康水平与综合素质教育相结合,把健康放在体育教学的重要位置,从思想意识上引导学生树立健康观念,比如要养成日常进行体育锻炼的习惯,还要具备基本的运动技能,了解相应的运动项目所需的核心技能有哪些,以及如何开展训练等相关知识。总之,在素质教育思想的指导下,使学生的身心得到全面的发展和完善。

(3)体现"终身体育"指导思想

在我国政府提出的关于提高国民健康水平的一系列指导思想中,"终身体育"应该是涉及范围较广、影响力较大的一个重要国家发展战略。在学校的体育教学中,特别强调了终身体育的重要性,在现有的教育体系下,以加强培养学生的运动兴趣和运动习惯为基本方向。

在体育教学设计中,要着重体现以发展学生的终身体育为指导思想,通过相适宜的体育教学来发掘学生的体育兴趣、态度、爱好等。当学生自身发展出对体育运动的内在需要,就会自觉自动地开展相应的运动,并且在这一过程中收获努力付出后的甜美果实,这是激励学生能不断跳出舒适区,坚持体育锻炼的核心动力,也是坚持终身体育的唯一可能。

2. 要满足全体学生的发展需要

(1)涵盖全体学生的体育锻炼需要

体育教学和其他学科教学不同的是,其他教学仅对学生的智力水平有要求。但是体育教学除了要求学生具有基础的智力水平之外,学生的身体素质水平、性格特质等对体育学习都会产生重要的影响。如果教师在体育教学设计中忽视了学生的这些差异,那么必然会有一部分学生由于自身心理或者身体的某些特征而在体育学习过程中存在一定的障碍。因此,在进行体育教学设计时应有意识地涵盖所有学生的基本身体与心理情况,并对此作出合理的应对,从而让所有的学生都能够获得适当的体育教育和培育,而无论他们现有的身体素质或运动能力如何。这是科学体育教学设计的重要目标,也是推行"终身体育"的重要条件。

(2)体育教学设计要提高学生的创造力

在体育教学设计过程中,还要杜绝以往那些更重视将体育知识和体育技能传递作为教学主要目标的过时观念。随着社会的进步、科技的发展,以及人工智能的日新月异式的推出,国家和社会对人才的需要发生了巨大的变化,未来社会的竞争将更加激烈,而且将简单的重复性劳动逐渐移交给人工智能来完成,那么对于人类而言,其创造性显得尤为重要。因此,在今后的体育教学中,更加需要对人才进行创造性的培育,减少对知识的死记硬背式教育模式。

（3）加强发展体育特长学生的教学设计

在重视全面培育学生的体育能力和综合素质的基础上,也不能放松对一些具有体育天分的学生进行特长培养,并就此进行相应的教学设计。从另一个角度来讲,当一个群体中出现少数成绩突出的优秀学生代表,那么会对整个群体起到带动作用,会激励其他学生更加努力地学习和训练,以优秀者作为自己前进的榜样,这是加强发展体育特长学生所具备的全局考虑。

在进行体育教学设计时,还应考虑到加强对具有体育天分学生的特别关注。这是因为,具备一定体育天赋的学生不仅有可能发展成为未来的体育人才,而且这些具有天赋的学生还会带动起身边其他学生对体育学习的热情。因此,从教学整体而言,关注对体育特长学生的培养,能够全面提升学生的体育教学效果。能够全面地调动起学生的学习热情,激发学生的好胜心,以及激发学生主动探索体育知识和技能的好奇心,这些都十分有利于促进学生的体育兴趣和体育热情。

3. 体育课程教材内容要多样化

随着教育改革的推进,体育教学设计也在不断尝试将新的教育理念和教学内容引进体育教学中。具体而言,就是将目前国内外最先进的体育教学理念融入我国传统的体育教学设计中,从教学模式、教学方法到教学内容、教学手段等,全面提升现有体育教学的效率和水平。其中,最明显的要数对体育课程教学内容的优化。

体育教学本身就具有丰富的内容,然而要想将这些内容进行优化和提炼,并符合国家对体育教育提出的要求并非易事。首先,需要在大量的可选内容中作选择,精挑细选最符合教学目标的体育课程教学内容。其次,这些内容之间还应具有良好的呼应,以便让不同阶段的体育课程之间的内在关联性得以显现,从而促进学生对体育知识和技能的深刻领悟和掌握。最后,要注意体育课程教学内容的多元化和多样性,这也是未来体育教学的重要方向。通过体育课程教学内容的多样化,从不同的角度激发学生的学习热情和学习兴趣,丰富学生的学习体验,加强体育教学的有效性,从而深化体育教学设计的作用。

总之,在体育教学设计时,加强对教学内容的多样化,是教学设计的重点工作方向,也是体现教学设计意义与价值的重要途径。在选择、安排

第三章 体育课程教学设计的系统分析

教学内容的基础上,根据教材内容的特点,应用行之有效的教学组织形式,采用合理的教学方法和手段,以便更好地贯彻课程标准提出的各项要求,从而有效地实现教学目标,使教学设计效果最优化。

4. 灵活运用多种教学组织形式

体育教学效果的体现在很大程度上要取决于教学组织形式是否科学、合理并有效。因此,在进行体育教学设计时,要有意识地采用最为科学的教学组织形式,并且还要保证这些教学组织形式的灵活性,以便在具体的教学实施中让教师能够根据教学实际情况作合理的调整,以完成教学目标为最重要的任务。

教学组织形式始终都是为教学目标服务的,因此,在选择和设计时,只要有利于教学目标的实现,应不局限于现有的教学组织形式,而是大胆开拓具有时代特性的、具有更高教学效率的教学组织形式,从而保证体育教学组织的先进性和有效性。

随着体育学科的发展,一些新的教学组织形式正逐步取代传统的、落后的体育教学形式,这是体育教学进步的重要体现,也为现有的体育教学注入新的活力,在某些方面获得显著的效果。因此,今后要加强对教学组织的不断优化和更新,这也是体育教学设计的根本目的所在。

(四)体育课程教学计划设计

1. 单元教学计划设计

在体育课程学年教学和学期教学中,教学计划通常以单元教学计划的形式出现,单元教学计划又是通过课时教学实现的。对体育课程内容进行单元化的系统安排的过程即为体育课程单元教学计划的设计。在单元教学计划中,课程内容以单元为划分单位,通过组织实施单元教学内容而确定单元教学的基本框架。体育课程每个单元的教学内容相对完整,能够将体育课程的设计思想与教育理念反映出来。下面具体分析体育课程单元教学计划的设计思路与步骤。

(1)设计思路
①制定教学目标
体育课程单元教学目标是经过一个单元的体育课程教学而最终要达

到的目标。制定单元教学目标时,要准确说明本单元教学结束后学生应该学会什么、掌握什么,达到什么程度。对体育课程单元教学目标的设计要以学段不同领域的水平目标为依据,将学段目标分解成具体的目标,这样更容易评价单元教学的效果和目标达成情况。

②设置学时

在体育课程教学中,学生在单元教学中学习与掌握内容的广度与深度直接受到本单元教学时长的影响。单元教学时数不宜太少,如果是小单元教学,那么教学内容不宜多,否则会增加学生的学习负担,影响学生的学习兴趣,最终不利于良好教学效果的获得。一般建议安排大单元教学,每学期以2～3个单元为宜。各单元的时间跨度适当加大,不同单元的教学内容尽可能不重复,但可以针对同一教学内容提出不同的教学要求,逐渐增加教学难度。通常要以单元教学内容的多少和难易程度对该单元的学时进行设置,同时也要考虑学生的基本情况。

③制定教学策略

为实现单元教学目标而采用的一系列教学方法、手段、模式以及媒体因素等总称为教学策略。在单元教学中要解决"教师如何教"和"学生如何学"的问题,就必须确定教学策略,包括教师教授的策略和学生学习的方法。不同教学情况下或不同单元教学中适合采用的教学策略是有差异的,为了达成单元教学目标,在一个单元的体育教学中往往要采用诸多教学策略,掌握的教学策略越多,在实践中选用的空间就越大,各项策略取长补短,能够提高单元教学效果。

(2)设计步骤

①以体育课程学段水平目标、体育课程学年教学目标、体育课程学期教学进度以及某些目标的达成度为主要依据,对各个单元的教学目标予以明确。

②以课程内容的学时数和难易程度为主要依据对每次课的学时目标进行制定。

③根据单元教学目标和课程内容对单元教学的组织形式进行设计与选择。

④对每节课的教学策略进行设计。

2.课时教学计划设计

课时教学计划也称教案,也就是一节课的教学方案。下面具体分析体育课程课时教学计划的设计。

(1)设计思路

①准确提出教学任务

体育教师在备课和设计教案时,必须明确这节课的教学目标,要依据教学目标而确定教学任务,教学任务必须是具体的,可完成的,是能够对教学效果和教学目标的达成程度进行检验的。教学任务的用词必须严谨、具体,不能抽象概括,如将"掌握掷标枪技术"的教学任务改为"初步掌握或基本掌握掷标枪技术",将运用跳远技能改为"初步运用跳远技能或熟练运用跳远技能",要根据教学对象的实际情况而确定"初步""基本""熟练"等程度词汇。

②正确选用教学方法

体育教师在不同教学阶段都要从众多教学方法中挑选适宜的教学方法,选择教法时教学目标与任务、教学条件、教师能力、教学内容等都是必须参考的重要依据。为满足教学需要和提高教学的趣味性,教师往往要采用多种教学方法,但因为课时有限,所以要有侧重地实施各种教法,充分发挥不同教学方法的价值与作用。

③合理安排负荷

体育实践课上学生的练习活动占用了大量时间,学生的练习效果及实践课的教学效果与运动负荷密切相关,因此安排运动负荷很重要。体育教师要循序渐进安排运动负荷,通过改变运动量、练习时间、练习强度、练习密度、练习难度等要素来调整运动负荷,旨在促进学生通过有效练习而熟练掌握与运用运动技术。

④前后课次合理衔接

设计一节课的教学计划,要参考前一节课的计划内容,并设想下节课的教学计划,不仅相邻课次要紧密衔接,各个单元的教学也要密切联系,避免学生学习新知识就忘了旧知识,要促进学生实现知识与技能的正向迁移,达到温故知新的学习效果,从而提高学习效率和学习水平,达到有效学习的良好效果。

(2)设计步骤

体育课程课时教学计划的设计步骤如下。

①将课时教学目标确定下来。

②对本节课的教学内容加以筛选和组合排列。

③根据本节课的教学内容和教学目标对教学方法、学习方法以及教学组织形式进行设计。

④对课堂教学时间、练习时间进行安排。

⑤对课堂练习的密度和运动负荷进行设计。

⑥对场地器材的布置、教学用具的使用加以明确。
⑦课后小结。

体育教师常常使用表格形式设计教案,尤其是实践课的教案,表格式教案形式简单,明确了课堂教学的结构、内容、组织形式与方法,而且不同教学部分的教学目标与任务、教学内容与方法以及教学组织形式是相对应的。课的结构明确,教学重难点明确,时间分配明确,各部分的教学连贯衔接,形成一个整体。

常见的体育课程教案表格形式见表 3-1 和表 3-2。

表 3-1　表格式教案一

班级		人数		课次		上课日期	
教学内容							
教学任务						课的类型	
课堂结构	时间分配						
准备部分							
基本部分							
结束部分							
器材与设备					运动负荷曲线		
课后小结							

表 3-2　表格式教案二

班级		人数		课次		上课日期	
教学内容				教学目标、任务			
课的结构	时间	授课内容	组织工作	教学步骤	常见问题与处理		

第二节　体育课程教学目标设计

一、体育课程教学目标设计的意义

（一）顺利实现体育教学目的

体育教学目的的实现是以实现体育课程教学目标为主要标志的。例如，实现提高学生身体素质的目标有助于实现健身目的，实现使学生掌握运动技能的目标有助于实现提高学生运动能力的目的。如果教学目标编制得缺乏合理性，那么就无法实现教学目的。体育课程教学目标和教学目的应该是对应的，否则体育课时教学目标就会与体育教学总目标不相适应，这样就会对体育教学过程产生错误的指引，影响教学方向和最终教学质量。

（二）完成体育课程教学任务

体育课程教学目标和体育课程教学任务之间关系密切，体育课程教学任务的方向是由体育课程教学目标所决定的。体育课程教学目标为体育教学活动指引方向，在体育教学活动中实现，如果没有教学实践，没有每一个教学任务的完成，教学目标不可能实现。所以说，体育课程教学目标的实现要由具体的体育课程教学任务所支撑的。体育课程教学目标制定得科学合理，有助于体育教师明确教学任务和教学方向，通过合理安排教学过程来实现教学任务。

（三）规范体育教学过程

在体育教学过程中，各个教学环节、教学程序、教学方法之间联系紧密，只有明确了阶段性的教学目标，才能清楚应该先教什么，后教什么，应该如何教，这样教学过程才能规范，教学效率才会提高。体育教师依据教学目标而控制教学过程,安排教学步骤,使体育教学更加科学与规范,最终提高了体育教学效果。

二、体育课程教学目标设计的理念

（一）健康第一

"健康第一"是体育教学中应该树立的重要理念和遵循的指导思想,应该在健康第一理念下编制体育课程教学目标,充分发挥体育教学的强身健体功能,通过体育教学增强学生体质健康水平。

（二）注重"三基"的培养

"三基"目标是学校各个学科教学的共性目标,具体是指基础知识、基本技能和基本技术。体育教学是师生双边互动的特殊教学活动,教学内容宽泛,因为体育教学本身的特殊性和复杂性,决定了体育教学"三基"目标在编制上有一定的难度,而且和其他学科的"三基"目标相比,体育教学的"三基"目标还不够成熟。再加上教学思想和理念的落后,导致教师在制定"三基"目标时存在诸多问题,具体表现在下列几个方面。

第一,其他学科教师往往从学科教学内容之间的内在联系出发而编制"三基"目标,而一些体育教师缺乏这方面的意识。

第二,体育课程教学目标涉及面广,包含多种类型和多个层次,因此体育教师有时会忽视对"三基"目标的编制。

第三,终身体育理念在体育教学中渗透得不够深刻,因此在"三基"目标的编制中尚未真正融入这一理念。

为了满足社会发展的需求,将现代教育理念落实到体育教学中,要注意对"三基"教学目标的编制与确定。

（三）全面发展

在素质教育理念下,体育教学中要力求实现学生全面发展的目标,这就要求编制全面发展的体育课程教学目标,将德育目标、智育目标、美育目标等都融入体育课程教学目标中,在体育课程教学目标体系中提出对学生各方面素质的要求和标准。

第三章 体育课程教学设计的系统分析

三、体育课程教学目标设计的原则

体育课程教学目标的设计应在一定的原则指导下进行。这些原则可以起到有效的指导作用,使体育课程教学目标的设计工作更加顺利。

(一)科学性原则

因为体育课程教学目标的设计,是在科学指导下对学生进行全方位的身心教育活动,坚持科学性是保证教学有效进行的内在前提。这里的科学性原则是指,在开展体育课程教学目标设计工作时,一切都要以科学为基本依据和基本前提,对体育课程教学设计要以深厚的科学理论为依据。体育学科的特点就是要理论与实践相结合地进行,因此在进行体育课程教学目标设计时,一定要在严格遵守科学理论的基础上选择与之相适宜的实践教学内容,从而让学生获得严谨的体育科学的训练,对于促进学生的全面发展具有重要的作用。

同时,体育课程教学目标应难度适中,使学生能够通过努力而达到,同时体育课程教学目标设计时还应突出重难点,使学生有所侧重。

(二)系统性原则

体育教学是一个相对独立的系统教学,将体育课程教学目标进行系统的分类,按照不同的层次将目标进行细化,并且使两两之间也要构成系统的关联,形成彼此呼应、相辅相成的系统关系,从而使整体的教学设计呈现出更强的系统性和完整性。

同时,系统性原则还要求不同层次的目标之间要具有层层递进的逻辑关系,每个层级的目标的实现,都是为了下一个目标的实现作铺垫和准备,这是系统性的另一种体现。总之,在进行体育课程教学目标设计时,应注重系统性原则,从而使体育课程教学目标构成层次分明、纵横有序的教学系统,这不仅对学生的体育学习有明显的益处,而且还能培养他们自觉养成系统性学习的意识和习惯,对于培养新时代的人才具有重要的价值。

(三)可测性原则

可测性原则是指,在进行体育课程教学目标的设计时,还应该有意识地保证所做的教学设计是可以被测量的,即利用现有的技术和手段,可以测量教学目标的实施效果和达成情况,这是保证体育课程教学目标的实践效果以及可操作性的重要条件。

可测性原则是现代教学进步的体现,它更加注重教学的实际效果,而非只是完成理论上和想象中的设计就宣告结束。

(四)灵活性原则

灵活性原则是指,在进行体育课程教学目标设计时,在严格遵循相应的科学理论的同时,还要注意给教学目标留有一定的灵活性,即给教师的教学实践留有一定的灵活发挥的空间,让体育教师能够明确各个层级的教学目标,然后可以根据具体的实际情况,包括客观的自然环境条件、物理设施条件,以及地区的文化差异和学生的接受能力等客观因素,从而进行有针对性的教学活动,使体育教学更加切合实际,尽量去符合每一位同学的学习需要,使体育教学的效果能够达到更高水平。

(五)发展性原则

发展性原则是指,在进行体育课程教学目标设计时应具有发展的眼光和意识,不仅要紧抓当前的教学需要和目标,还应该明确教学活动是一个动态的发展过程,社会和国家对人才的发展也是动态变化的。因此,体育教学的设计应该立足当下,着眼未来。也就是说,现在设计的体育课程教学目标要满足这样的条件:一方面,能够满足当前学生的学习和发展需要;另一方面,还应该具有一定的引导性和推动性,能够适应学生的发展潜力,推动学生的不断发展。

四、体育课程教学目标设计的要求

除了要遵循相应的设计原则之外,进行体育课程教学目标的设计时还有一些具体的要求,以保证体育课程教学目标设计的有效性和可操作性。

(一)具体明确

体育课程教学目标的设计首先要具体明确,这是保证其有效实施的基本要求。体育课程教学目标的作用,就是帮助所有的体育教师和学生明确体育教学要"达成什么目标",要让所有人都能非常清楚地理解和记住这一目标,这是接下来体育教学能够顺利开展的基本前提。

具体来说,要达到具体明确的要求,就应做到表述要简洁明了、语言朴素,避免歧义和误读,杜绝含糊不清和咬文嚼字的情况发生。实际上,要做到对体育课程教学目标的表述具体而明确,就应该使用最日常、最简单的语言进行表述,而且还要具有一定的可观察性和可测量性,从而保证体育课程教学目标在实际操作中可以被清晰地观察和测量,进而便于自我检验教学的效果,并及时纠偏。

另外,教学目标不仅仅是体育教师在教学实践中的一项重要工作依据。在教学中,体育教师要及时将每个阶段的教学目标告诉学生,以便更好地完成教学,因此只有采用简单、具体、明确的表述,才能让所有学生都能轻易理解和掌握,这是保障体育课程教学目标达成的重要前提。当教师和学生同时朝着一个具体的教学目标努力时,这时候的教学效果一定也是他们所能达到的最佳结果。

(二)整体协调

在设计体育课程教学目标时,还应注重各个层级的教学目标的整体协调。如前所述,体育教学的整体目标是一个系统的整体,因此每个目标之间要彼此呼应、相互协调,从而构成一个既错综复杂又有机统一的体育教学系统,使体育教学的实现更具效率性和可操作性。

在具体的设计实践中,有时会因为强调某一目标,而忽略了与其他目标的协调性,这就是整体协调要求存在的意义,能够及时发现和解决教学目标设计中容易出现的失误和错漏,并将这一问题控制在可处理的范畴之内。

(三)细化分解

细化分解是指每一个体育课程教学目标都可以分解为能够操作的具体目标,它是保证体育课程教学目标具有可操作性的重要条件,无论哪种教学目标,只要经过细化分解,都可成为具体的、可执行的教学活动,这是顺利开展体育教学的前提,是促进教学目标实现的必然要求。

具体而言,即每一个教学目标都可以通过具体的实践活动来实现,既可以是组合的形式,也可以是独立的某项运动形式。总之,只要能够以某种或者某些体育活动形式来表达，那么就说明这一个体育课程教学目标是可分解的有效教学目标。

（四）难度适中

在进行体育教学时，由于都是以具体的实践活动来实现的，因此在设计目标之初，就应该考虑其难度应与学生的实际运动能力相匹配，最佳难度应该处于绝大多数学生的最近发展区，这样就能让绝大多数学生在训练和学习中真正受益，即通过教师的指导和自己的努力，能够发展出更高的运动技能和水平，这是体育课程教学目标难度适中的重要意义所在。

另外还应注意的是，学生的身心发展和运动能力具有一定的差异性，这是不可避免的，因此在进行教学目标设计时，也应该对教学目标给出相应的说明，即不同的运动水平应该能够完成哪个难度的练习，得到多少分数等，这样也可方便体育教师在教学实践中，针对不同的学生设计不同的训练内容，努力让不同运动能力的学生都能得到同等程度的训练，得到符合自身水平的发展。

五、体育课程教学目标设计的步骤

体育课程教学目标的设计也有相应的步骤，这些步骤是经由体育教育工作者多年的工作经验总结所得，因此具有较高的实践指导性，对提升体育教学具有明显的促进作用。

（一）分析教学对象

在进行体育课程教学目标设计时，首先要做的就是对教学对象进行全面的分析和调查，从而保证体育教学的有效性和可操作性。其中调查和分析的主要内容包括如下几点。

（1）学生的身体发展水平，如身高、体重、体脂等基本情况。

（2）学生的心理发展水平，如是否具有健康的心智水平，是否能接受一定运动挑战，是否能与集体正常协作和配合等。

（3）学生的运动水平，如在跳跃、奔跑、力量、速度等方面表现出的一般能力如何，是否经常参加体育活动，是否有喜欢的运动项目等。

（4）学生的综合发展潜力，如是否具有明确的运动偏好和特长，是否

第三章 体育课程教学设计的系统分析

有意愿在体育方面获得发展,是否能接受一定程度的艰苦训练,是否具有相应的客观条件等。

总之,以上这些有关学生的基本情况是决定学生参与体育教学和获得运动发展的基本条件,如果合理利用能促进学生体育运动水平的明显提高,也能在一定程度上引导学生发展出较为全面的综合素质,因此这是进行体育课程教学目标设计的基本前提。

(二)分析教学内容

在对体育教学对象即学生的基本情况有了了解之后,接下来是对体育课程教学内容的分析和选择。就目前的情况来看,体育教学具有海量的内容可供选择,然而要做到教学目标设计的有效性,必须进行科学的分析和选择。在明确学习者的学习需要和学习能力之后,选择相应最适合的教学内容。通过对现有教学内容的分析,以及设计和研究具有时代特色的教学材料,从而使体育教学更具科学性、时代性和针对性。

(三)编写教学目标

在完成了以上两个重要研究之后,就可以进入真正的教学目标的编写步骤了。教学目标的编写是在国家对体育教学提出的整体指导思想的基础上,根据我国青少年学生的综合情况,并针对前面进行的体育教学对象研究、体育课程教学内容研究的具体研究结果,编写适合我国青少年学生的体育课程教学目标,从而实现学生对体育的学习需要与成长需要。总之,要选择合适的体育课程教学内容,并以最贴近学生身心特点、最有利于教学目标实现的方式开始编写教学目标。

第三节 体育课程教学内容的编排

一、体育课程教学内容编排的原则

（一）科学性原则

编排体育课程教学内容，要按照科学要求来开展各个环节的工作，贯彻科学性原则要注意以下两点要求。

1. 遵循学生的身心发展规律

学生的身心发展有普遍规律，同时也有个别性和特殊性，体育教师应对学生身心发展的普遍规律和一般特征有正确的认识与理解，同时考虑个别学生的特殊情况，从而科学构建体育课程教学内容体系。

2. 遵循动作技能形成规律

体育课程教学内容中包含大量技战术内容，对这类内容的选择与安排要遵循动作技能形成规律和学生的学习规律，促进学生循序渐进地掌握动作技能，提高运动水平。

（二）整合性原则

体育教师应从整体上分析体育课程教学内容的特点，在分析的基础上对教学内容进行科学设计、恰当选择及综合安排，并从实际教学情况出发而灵活调整教学内容，以不断完善体育课程教学内容体系。不同层面的体育课程教学内容既相互独立，又密切联系，将它们有机整合，连接为一个整体，可以最大程度地发挥这个整体的功效。

在体育课程教学内容的编排中贯彻整合性原则需要注意以下两个方面的要求。

第三章 体育课程教学设计的系统分析

第一,将健康知识和运动技能结合起来,既要传授基本健康知识、运动健康知识,又要传授体育项目的技战术方法,提升学生的自我保健能力和运动锻炼能力。

第二,将传统体育项目与新兴体育项目结合起来,既要传承传统体育文化,弘扬民族传统,又要引进新兴项目,吸引学生的注意力。

(三)整体性和衔接性相结合原则

在体育课程教学内容编排中坚持整体性与衔接性相结合的原则,就是要将体育课程教学内容作为整体来设计,同时要将不同年级的体育课程教学内容按照一定的科学规律与逻辑关系衔接起来。

将整个教育阶段的体育课程教学内容作为一个整体而设计时,既要考虑教学内容的综合一致性,又要根据在不同年级、不同教学阶段以及面向不同水平的学生对体育课程教学内容的恰当选择与实施,做好不同阶段教学内容、不同水平教学内容之间的衔接。各个水平阶段的体育课程教学内容相对而言是比较独立的,但又与其他水平阶段的教学内容有着密切的联系,从整体观出发而将它们整合与连接起来,有助于保证体育教学的系统性与连贯性。

体育课程教学内容的衔接性不仅体现在同一学段不同年级的教学内容的衔接上,还体现在不同教育阶段体育课程教学内容的衔接上。事实上,从小学到大学的各个教育阶段在体育课程教学内容体系的建设上都要注意前后衔接和连贯,都要依据各教育阶段的体育课程教学目标而合理设计各类教学内容,如图 3-1 所示。

二、体育课程教学内容编排的规律

(一)从已知到未知进行编排

在体育课程教学内容的编排中,如果新的教学内容比学生已掌握的教学内容的概括程度高,新旧内容之间不是从属关系,就要贯彻从简单到复杂、从容易到困难、从浅到深的编排准则,使体育课程教学内容系统有层次性,使不同教学内容之间的关联更清晰,使前面所教的内容为后面新内容的教学奠定基础,使学生通过学习某一内容而形成"认知固定点",并为学习后面的新内容作好铺垫。体育课程教学内容结构有一定的序列性,对某个结构的掌握是学习另一个结构的基础,如果不具备前面的条件,就难以顺利进入新的学习阶段,就会增加后面学习的难度。

(二)由一般到个别进行编排

在以掌握原理为目的的体育课程教学内容的编排中,居于中心地位的应该是基本的概念、原则和原理。从这一点出发,应该先对最具有一般性和概括性的体育课程教学内容加以陈述,然后进一步分化具体教学内容和特殊教学内容。因为如果是首次接触熟悉度不高的体育知识领域时,只有将该领域教学内容的理论思想阐释清楚,才能在科学理论思想的指导下对特定领域的教学内容进行分类和系统化整理。一般比较容易和常规的做法是从一般的整体中分化出细节,通过若干细节将整体串联起来。如果可以从最一般和最具概括性的概念与原理入手来编排体育课程教学内容,就能使学生形成比较稳定的基本认知结构,从而在其他类属教学内容的学习情境中比较容易地掌握新内容。

(三)注意不同教学内容的横向联系

在体育课程教学内容的编排中,不仅要注意不同教学阶段教学内容的纵向联系,也就是教学内容的连贯性,还要注意不同教学内容之间的横向联系,具体表现为不同单元教学内容的联系和不同教学内容之间在知识原理、运动技能与情感上的协调与衔接,关注教学内容的横向联系,并有序安排丰富多彩的体育课程教学内容,有助于学生在体育学习中达到融会贯通的效果。如果在体育课程教学内容编排中不重视横向联系,就无法使学生在学习新内容时与原来熟悉的内容作对比,这会导致学生在新内容的学习中出现含糊不清、理解不深等问题,也容易使学生遗忘这些内容,同时对学习的迁移也是有影响的。

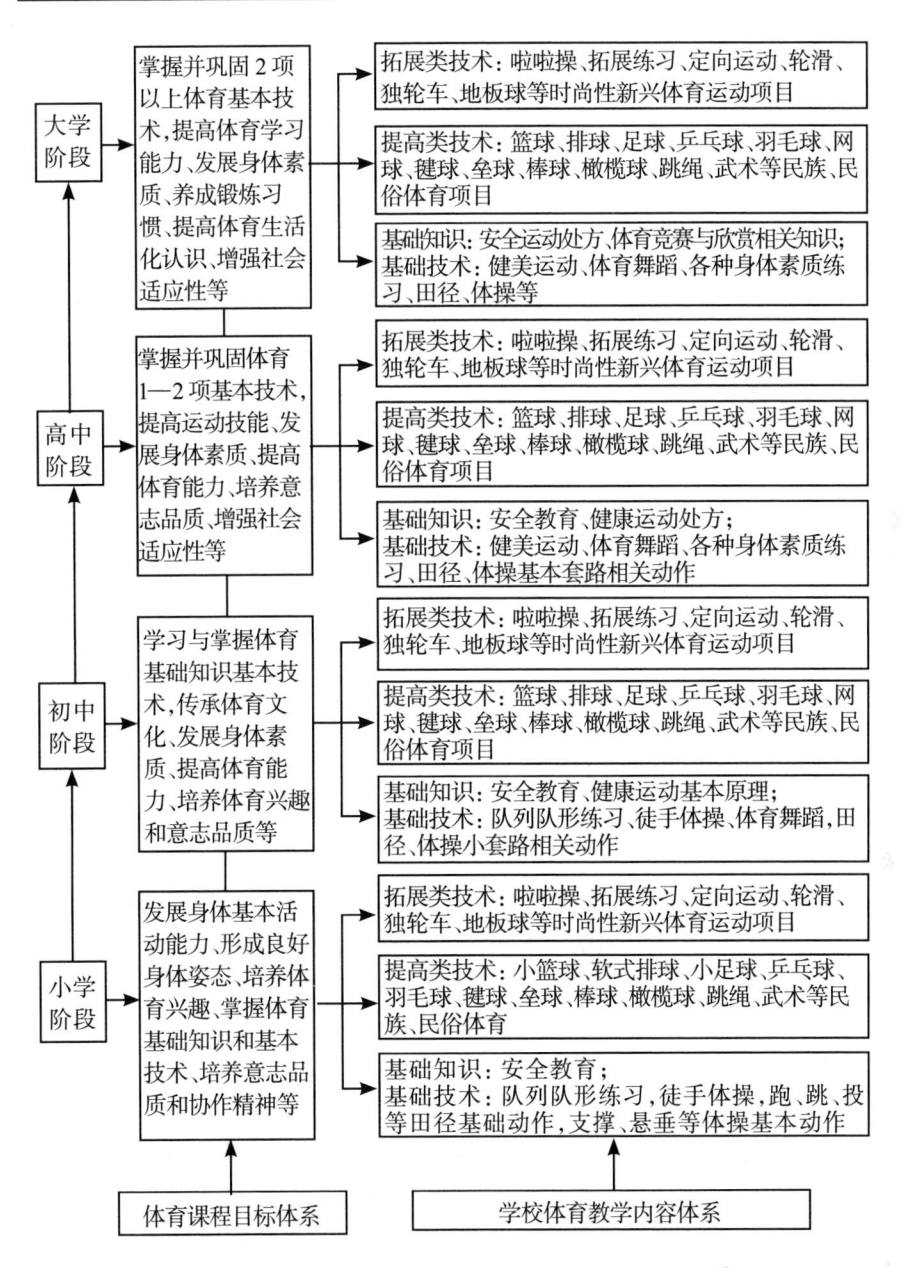

第三章 体育课程教学设计的系统分析

阶段	体育课程目标体系	学校体育教学内容体系
大学阶段	掌握并巩固2项以上体育基本技术,提高体育学习能力、发展身体素质、养成锻炼习惯、提高体育生活化认识、增强社会适应性等	拓展类技术:啦啦操、拓展练习、定向运动、轮滑、独轮车、地板球等时尚性新兴体育运动项目 提高类技术:篮球、排球、足球、乒乓球、羽毛球、网球、毽球、垒球、棒球、橄榄球、跳绳、武术等民族、民俗体育项目 基础知识:安全运动处方、体育竞赛与欣赏相关知识; 基础技术:健美运动、体育舞蹈、各种身体素质练习、田径、体操等
高中阶段	掌握并巩固体育1—2项基本技术,提高运动技能、发展身体素质、提高体育能力、培养意志品质、增强社会适应性等	拓展类技术:啦啦操、拓展练习、定向运动、轮滑、独轮车、地板球等时尚性新兴体育运动项目 提高类技术:篮球、排球、足球、乒乓球、羽毛球、网球、毽球、垒球、棒球、橄榄球、跳绳、武术等民族、民俗体育项目 基础知识:安全教育、健康运动处方; 基础技术:健美运动、体育舞蹈、各种身体素质练习、田径、体操基本套路相关动作
初中阶段	学习与掌握体育基础知识基本技术,传承体育文化、发展身体素质、提高体育能力、培养体育兴趣和意志品质等	拓展类技术:啦啦操、拓展练习、定向运动、轮滑、独轮车、地板球等时尚性新兴体育运动项目 提高类技术:篮球、排球、足球、乒乓球、羽毛球、毽球、垒球、棒球、橄榄球、跳绳、武术等民族、民俗体育项目 基础知识:安全教育、健康运动基本原理; 基础技术:队列队形练习、徒手体操、体育舞蹈,田径、体操小套路相关动作
小学阶段	发展身体基本活动能力、形成良好身体姿态、培养体育兴趣、掌握体育基础知识和基本技术、培养意志品质和协作精神等	拓展类技术:啦啦操、拓展练习、定向运动、轮滑、独轮车、地板球等时尚性新兴体育运动项目 提高类技术:小篮球、软式排球、小足球、乒乓球、羽毛球、毽球、垒球、棒球、橄榄球、跳绳、武术等民族、民俗体育 基础知识:安全教育; 基础技术:队列队形练习,徒手体操,跑、跳、投等田径基础动作,支撑、悬垂等体操基本动作

图 3-1 小学—中学—大学体育课程教学内容体系[①]

---

① 蔺新茂,毛振明.体育课程教学内容论[M].北京:北京体育大学出版社,2014:68.

三、体育课程教学内容结构体系的改进

（一）动态性的改进

随着体育教学科研的深入改革与发展，学界不断产生体育新理论、新知识，增加了体育教学的丰富性。这就要求紧跟时代的步伐、社会的需求以及体育科学的发展步伐而经常对体育课程教学内容结构进行更新，使体育课程教学内容满足社会需求，与体育教学改革与发展方向以及与体育科学的前景保持一致。更新体育课程教学内容结构体系体现了体育课程教学内容体系的动态性特征。通过动态性的变革与改进，将体育新知识融入体育课程教学内容体系中，突出体育课程教学内容体系的科学性、进步性。

（二）关联性的改进

随着体育学科的不断发展，涌现出大量的体育知识，创造出丰富的运动技能，将这些知识与技能有选择地纳入体育课程教学内容体系中，将使体育课程教学内容更加丰富有趣。大量的体育知识和体育技能既相对独立，又有一定的关联，有序推进这些内容的教学，能够使学生的体育知识范围得到拓展，体育知识结构不断完善，为终身体育学习打好基础。

体育课程教学内容结构的关联性从下列两个层次体现出来。

1. 横向广泛性

第一，在体育课程教学内容体系中纳入简单的体育知识，如体育卫生、体育营养、体育保健、体育锻炼原理、体育竞赛规则等。

第二，将有利于增强学生体质的运动技能方法纳入体育课程教学内容体系中，使学生形成良好的体育态度和拥有良好的运动能力。

2. 纵向复合性

对于某个教学内容，可在不同教学阶段反复安排，但要不断提高学习要求，提高学习难度，进行纵向上的深化学习，促进学生体育认知和体育

技能的纵向发展。

从多元复合的体育课程教学目标出发,要从横向广泛性和纵向复合性两个层次上来完善体育课程教学内容的结构,实现两个层次的融合,强化体育课程教学内容的关联性,促进学生的全面发展。

(三)实践性的改进

体育的本质属性决定了体育教学的实践性特征。体育课程教学内容既有理论知识,也有实践技能,其中理论知识是为实践服务的,通过传授理论知识,使学生能运用理论去指导实践,科学参与体育活动。因此,在体育课程教学内容结构的安排中要注意理论与实践的相互渗透以及相辅相成。

第四节 体育课程教学方法的设计与选用

一、体育课程实施中常见教学方法设计与运用

(一)讲解教学法

讲解教学法就是教师向学生说明动作要领、方法和规则要求等知识,目的在于指导学生学习和掌握体育知识与运动技能。

在体育课程教学中运用讲解法应注意以下几点要求。
(1)明确讲解目的,根据教学目标、教学内容和学生特点进行讲解。
(2)讲解要生动形象、简明扼要,以使学生更好地理解教学内容。
(3)注重讲解的时机和效果,充分调动学生的积极性。

(二)动作示范法

动作示范法是教师采取一些示范动作使学生掌握技术动作的形象、结构和要领的基本方法。在体育课程教学中采用动作示范方法时,应注意以下几点。

（1）动作示范应具有目的性，根据目的调整示范速度、示范角度和示范次数。
（2）示范动作正确无误，与学生的学习能力相适应。
（3）教师在全体学生都能看到的位置完成动作示范。
（4）示范时一般要配合讲解，使学生更好地理解动作。

(三)游戏教学法

设计与运用体育游戏是体育课程教学中常用的方法之一。体育游戏将游戏和体育课程教学内容融合起来，突出学生学习的主体性和发展的综合性，并需要在教师的有效干预下去实施。设计体育游戏要求将游戏与体育教育融为一体，使体育课程教学目标在体育游戏过程中得以实现。设计的游戏要能够将学生的参与积极性成功调动起来。学生身心发展规律、体育课程教学训练原理、教学任务与目标等是设计体育游戏需遵循的理论依据。

在体育游戏的运用与实施中，整个过程离不开教师的有效干预。教师的干预必须有效，也就是通过干预要能够对学生的学习起到积极的作用，而不是一味惩罚违背游戏规则的学生或批评没有完成游戏任务的学生。游戏教学法的运用具体包括创编游戏、选用游戏、干预控制游戏过程以及评价游戏实施效果等多个有机联系的环节。

(四)合作教学法

体育运动中有很多集体项目，在集体项目的教学中，不仅要培养学生的积极主动性和思考能力，还要采取合作教学法对学生的合作能力、竞争精神、社会适应能力进行培养。合作教学中不仅要强调学生与学生之间的合作，还要注重师生之间的合作，营造良好的课堂氛围，具体采用学习小组的教学组织方式，在教学评价中不仅要评价个人表现和成绩，还要评价小组表现，具体采用的教学手段要有助于促进学生良好心理品质的形成和合作能力的提升，增强学生的社会适应性。

在合作教学过程中，要合理划分学习小组，各小组分工明确，每名学生要清楚自己的角色，小组成员之间要相互合作，取长补短。

(五)启发式教学法

在传统的体育课程教学中,教师采用的教学方法具有较强的指令性,教学方式以命令学生执行某个规定为主,教师在课堂上有绝对的支配权,这严重限制了学生主体性、能动性和个性的发挥,也不利于调动学生学习的积极性,对学生的长远发展是非常不利的。此外,教师控制课堂也忽视了与学生的互动,不利于良好教学氛围的形成。

为提高学生主动参与体育课程教学的积极性,在体育课程教学中应将一部分控制权交给学生,以启发式教学为主,体育教师主要是利用学生的体育与健康基础知识、基础运动技能及其他相关知识等个人经验,选择学生身边发生的事例去引导他们主动思考、实践,并有所领会和感悟,这对学生掌握体育知识和技能是有积极作用的。

在体育课程教学中采用启发式教学法,教师要适当提一些问题,以开放性问题为主,体现出问题的预设性和描述性,提问要有依据,要系统一些,便于学生独自生成信息,使学生能够在问题面前主动思考、判断和作出回答。启发式教学方法的应用形式是多种多样的,包括直观启发、比喻启发、对比启发等,教师在教学中要灵活应用不同形式的启发方式,引导学生积极思考,提高学习效果。

(六)多媒体教学法

当代社会,多媒体教学法已经渗透教育的各个领域,其中包括体育教学领域。面向对多媒体技术感兴趣的学生进行体育课程教学,采用多媒体教学方法是非常可行的。多媒体教学法包含丰富的视听素材,可以帮助学生更快、更准确地理解教学内容,教师可以采用直观的多媒体教学手段更加生动地传授体育技术方法与实践经验,这非常符合学生的认知水平和兴趣爱好。初学某个体育项目的学生更适合接受直观、形象的信息传授方式,因而采用多媒体教学方法能够使学生很快地进入学习状态。

在多媒体设备的辅助下,教师可以将单调、难以用语言生动表达的教学内容转化成学生喜欢的动画形式,在声音、画面全面环绕的情境下,学生可以更好地集中注意力去学习和掌握技术动作。

(七)微课教学方法

微课是以教学目标和教学要求为依据、以视频为载体对课堂教学中的全部活动(教师的教学活动、学生的学习活动以及师生互动活动)进行记录的教学方法。微课教学法具有教学时间短、教学内容精简、注重师生互动等特征。微课教学方法的应用价值及重要作用体现在以下几个方面。

第一,促进学生学习效率的提升。
第二,改革传统教学模式中落后的因素,提高教学模式的应用价值。
第三,对零碎的教学时间加以整合,提高课堂时间的利用效率。
第四,尊重学生的主体性,提高教学的针对性。
第五,及时帮助学生纠正错误动作,规范动作。

下面具体分析微课教学方法在体育教学中的应用策略。

1. 重视微课教学平台的建立

不同学校的教学条件有差异,在教学硬件与教学软件方面都有充分的体现,各校在建立微课教学平台时,要选择符合本校教学条件的多媒体手段,微课教学既要体现出现代性、有效性,也要讲求经济便捷性。一般来说,在班级大家庭中建立微信群能够很便捷快速地构建微课教学平台,教师将微课教学视频分享到班级群里,学生借助多媒体手段进行自主学习。在微课教学平台的构建中,要根据实际情况来投入相应的硬件和软件装备,由专业人员负责管理这些教学设施,每次使用前应做好调试工作,并加强维护,提高利用率,延长使用寿命。

2. 科学进行微课设计

体育教师进行微课设计一定要贯彻科学性原则,微课设计的科学性主要体现在完整、系统、规范三个方面。

(1)完整设计

在体育微课设计中,要以学生为主体确定方案,制定教学目标明确、内容完整、重点清晰、难点突出、能够充分调动学生学习积极性的微课视频。微课设计的完整性主要体现在组织结构的完整性、教学内容的完整性两个方面,完整性教学是分解教学的升华,单个动作适合直接采用完整教学法,组合或成套动作适合先采用分解教学法,但最后一定要过渡到完

第三章 体育课程教学设计的系统分析

整教学上。

（2）系统设计

设计体育微课,要树立现代化的教学理念,以学生体质健康、终身体育锻炼为目的而对教学内容进行系统性梳理,由点到面,由零散到整体,精心进行系统化的微课教学设计。

（3）规范设计

微课课程结构精练,内容单一,微课设计看似简单,实则非常专业,在设计过程中,体育教师一定要确保方案中的每个元素如文字、图片、视频、动画等都准确无误,符合教学内容,如果存在失误,哪怕是很小的失误,都会给体育微课教学质量带来不好的影响,因此规范设计微课是非常重要的。

3.注重对微课视频教程的拍摄及运用

微课是体育教学的现代化方式,除了对微课的直接运用外,教师也可以对自己的教学过程进行拍摄,制作微课教学视频,将自己的教学经验和技巧分享给其他教师,同时主动向其他教师学习经验,借鉴其他优秀教师的教学案例来组织教学,在教学资源与经验的互换中达到更好的教学效果。

教师拍摄自己的教学视频并计划将此作为教学案例分享给其他师生时,要特别重视教学的专业性、规范性与准确性,如用专业术语讲解,示范优美准确,指导学生时认真耐心,让学生将自己的学习成果展示出来,以体现良好的教学效果。如果条件允许,可以邀请专业教练员或运动员从专业的视角拍摄视频,以提高拍摄质量。微课视频的分享为高校教学资源最大程度的共享提供了可能。为了使微课视频的应用价值得到进一步提高与充分发挥,高校可以举办校际教学研讨会或分享会,优秀教师汇聚一堂共同进行专业教学的研讨,以制作出更精彩、专业、高质的体育微课教学视频。

4.在微课教学中把握教学难点

体育运动中有些项目的动作相对复杂,对学生来说学习起来难度较大,而将教学难点作为微课教学的主要内容,可以通过视频回放来使学生观察动作细节,使其逐步掌握复杂动作,提高运动水平。在体育微课教学中可以实现对教学难点的准确把握,使学生按照视频内容与提示一遍遍演练,直至达到像视频中呈现出来的动作质量,在学生对照视频演练的同时,体育教师还要继续深化理论讲解,使学生在理解的基础上掌握技术动作,提高练习效果。在微课教学中,还可以组织学生自由讨论,发表关于微课教学的看法,从而为完善微课教学提供思路,使微课教学真正服务于广大学生群体。

5. 在微课教学中增加互动

在微课教学中,为了提高学生的思想注意力,使其将注意力全部放到课堂中来,教师要主动与学生互动,调动课堂氛围,将学生的学习积极性和热情也调动起来,使所有学生都真正参与到信息化教学中。在微课教学中增加互动的方式有线上回答学生的问题,回复学生的评论,与学生在线沟通学习技巧,利用互联网平台使学生充分发表自己的观点,陈述自己的问题,耐心帮助学生解决问题,尊重学生的个性,同时引导学生之间的互动,提高学习的趣味,充分贯彻寓教于乐的教学原则。

6. 加强传统教学与微课教学的有机结合,构建一体化教学模式

在信息化技术背景下,微课教学作为现代化教学方式在体育教学中得到了有效的运用,但要注意的是,在体育教学中要紧紧结合教学实际来展开教学工作,不能脱离实际情况,而且教师要把自己的教学活动与学生的学习活动紧紧联系起来,而不是只给学生呈现视频案例就可以了。另外,在运用现代化教学方式的同时不能忽视对传统教学方式的继续运用,传承下来的传统教学方法一定有其可取之处,所以要取其精华,将其与现代教学方式结合起来使用,实现传统与现代教学方式的有机互补。

体育教学对学生的运动感知能力提出了较高的要求,因此在设计微课并运用这一现代化教学方式时,要加强线上教学与线下教学的有机结合,线上给学生呈现生动精彩的教学视频与真实案例,使学生了解体育理论与技术动作,并认真观察细节动作和难度动作。线下学生要不断练习来达到视频中要求的标准,并将所学理论与动作运用到实践中,以实现理论的升华与技术水平的提升。

分层教学、情境教学等是常见的线下教学方式,这些教学方式都适合与微课线上教学方式结合起来运用,这样既能提高学生对微课教学的兴趣,也能提高学生线下练习的积极性。因此,在体育教学中,充分发挥线上线下教学方法的优势,构建线上线下相结合的体育教学新模式具有重

要意义。

二、体育课程教学方法科学选用的原则

在体育课程教学方法选用的过程中,要重点贯彻以下几项重要的原则。

（一）整体性原则

体育教学方法体系是一个综合整体,其由诸多科学有效的体育教学方法构成,而且这些教学方法具有指定性特征。体育教学方法体系中的诸多教学方法各自独立,同时也相互联系,了解不同教学方法之间的内在联系,按照一定的规律与逻辑将它们组合起来加以运用,充分发挥各自的功能,尤其是具有新特质的功能,进而发挥整体功能,这有助于更好地实现体育课程教学目标。

选用体育教学方法,要贯彻整体性原则,在此基础上深入开发与充分利用各个教学方法的新特质、新功能。如果体育教学方法的运用脱离了整体,则运用效果无法令人满意。

（二）功能性原则

体育教学方法的功能是非常丰富的,在体育教学方法的选用中,要根据不同教学方法的主要功能进行归类,从教学需要出发将各类教学方法有机组合,充分发挥各类教学方法的功能,最终达到最大的功能效应。从体育教学方法各自的功能与特征着手而加以组合,发挥整体功能与优势,具体可参考图3-2所示的整合模式。

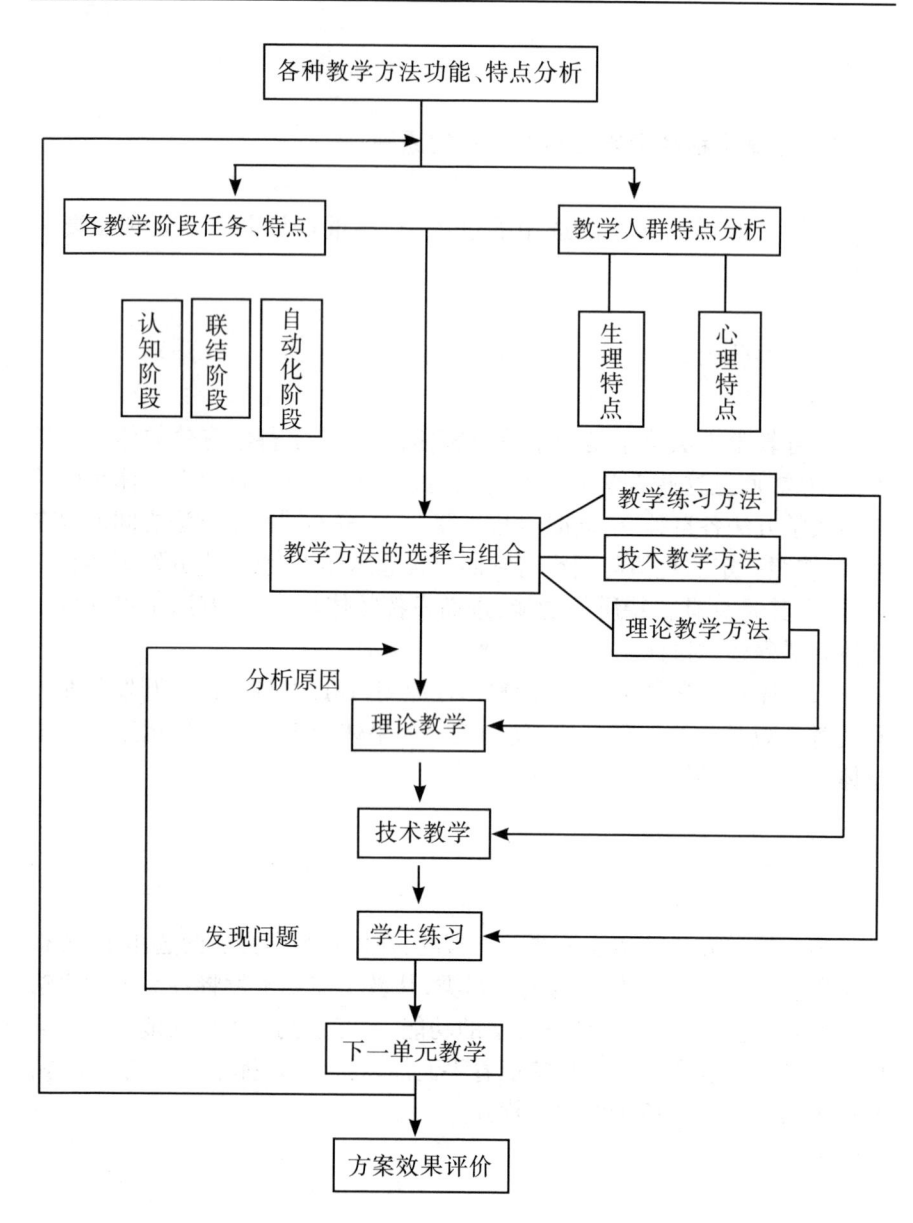

图 3-2 体育教学方法优化组合模式[1]

---

[1] 张建龙,王炜.体育教学方法优化组合的依据、原则与程序[J].新西部(下半月),2009(05):241+238.

（三）层次性原则

体育教学的总体发展以及每一次体育教学活动的组织与实施都是一个循序渐进的过程。在体育教学的不同阶段，体育课程教学目标会发生变化，目标对方法的选用有指向和引导作用，因此体育教学方法也会有相应的调整。随着体育教学由简到繁的发展变化，体育教学方法的选用也越来越复杂，在这种情况下构建体育教学方法体系要体现出层次性，要根据教学目标而划分层次，层次越细致越能够帮助体育教师与学生了解体育教学方法，并将其运用到体育教学活动中。

（四）最优化原则

体育教学方法的选用是否科学、合理，是否选择了最佳体育教学方法，将直接决定体育教学效果是否最佳。为了在现有教学条件下取得最佳教学效果，必须优化体育教学方法体系。由诸多教学方法构成的复杂的体育教学方法体系在建设与调整中不断朝着最优化的方向发展，最优化为体育教学方法的发展提供了正确的指向，通过对体育教学方法体系进行优化而充分发挥体育教学的最佳功能与作用，从而实现最佳教学目标。

坚持最优化原则有助于在不同体育教学内容的实施中科学选用最佳的体育教学方法，使教学内容与教学方法匹配，并对各类教法与学法之间的关系进行有效协调，从而更好地实现预期的教学目标，使教师教和学生学的效果都达到最佳。

第五节 体育课程教学的科学组织

一、体育课程教学组织形式

一般来说，体育教学的基本组织形式主要有班级组织形式、小组学习形式和个人辅导形式三种。

（一）班级组织形式

班级是体育教学的最重要的组织形式，学校里所有的体育教学设计，都是以班级这一最基本形式进行设计的。以班级为基本单元实施体育教学是我国传统的体育教育设置，这对整体把握体育教育的进程具有明显的优势。但是，它也存在一定的不足，即难以对班级中体育运动水平不同的学生展开区别教育，不利于因材施教的开展。

（二）小组学习形式

小组学习形式又可按照兴趣和水平分为两种情况。

1. 按照兴趣分组

为了弥补班级体育教学组织形式的不足，将学生按照对不同运动项目的兴趣进行分组教学是体育教学进步的一个重要体现。比如，按照运动项目进行分组，学生可以根据自身兴趣和身体条件，选择最有兴趣的小组进行学习，这是以项目分组教学的最常见形式。

2. 按照运动能力水平分组

在同一班级里，或者在同一兴趣小组里，仍然会存在运动水平不同的情况，这时候就需要按照学生的运动能力进行分类。因此，将学生按照运动水平分组也是体育教学策略设计的一部分，通过将运动水平相近的学生分为一组进行教学，可以进一步体现因材施教的教育理念，由于学生的水平相近，教师在教学过程中也能较为集中和深入地讲解相应的内容，而不必为了顾及所有人而分散精力或降低难度，这是现代体育教学的趋势，也是体现以人为本教育思想的主要形式。

（三）个人辅导形式

个人辅导在学校教学中并不多见，但是由于它也是体育教学的一个重要组成部分，因此这里也简单地给出介绍。个人辅导形式一般是针对具有特殊体育才能、较为突出的运动员后备人才而进行的教学形式。由

第三章 体育课程教学设计的系统分析

于他们在某些方面具有较高的运动天赋,为了有效发展这一天赋,有时候会进行私教训练,通过一对一的形式,能够加强体育人才的个性发展,有利于挖掘和保护他们的运动天赋,从而为国家培养出重要的竞技体育人才。

二、体育课程教学组织设计的要求

(一)促进体育课程教学目标的达成

体育教学组织设计的根本目标就是促进教学目标的有效完成,因此教育目标是体育教学组织设计的首要依据。体育课程教学目标实现所涉及的主要因素,是体育教学组织设计主要考虑的对象,通过优化和提升这些要素,可以促进教学目标的达成,提升目标实现的效果,并潜移默化地培养学生的目标感和自信心。

(二)有效提高体育教学的效率

先进的组织形式是提高效率的重要途径,体育教学也具有同样的情况。通过加强体育教学组织形式,可以有效提高教学效率,这也是现代体育教学中教学组织的重点工作内容。

(三)持续激发学生的体育兴趣

持续地激发学生参与体育运动,并逐渐地养成运动的兴趣,是对体育教学组织的一个要求。总之,利用组织的合理安排,让体育学习和体育运动更加轻松有趣,更能够吸引学生的注意力,培养其对体育产生长久的兴趣,这也是体育教育的终极目标,对我国的体育教育事业、国民健康以及国家强盛都具有重要的意义。

(四)保障体育教学的安全有序

体育教学组织设计的另一个目标是保障体育教学能够安全有序地进行。在体育教学过程中,总难免存在一些运动损伤或者危险,这是由体育活动的性质决定的。为了尽量保障学生的运动安全,可以通过科学合理的组织设计,使体育教学和体育运动都处于安全有序的状态下,以为体育教学设立第一道安全屏障。

具体而言,如在设计教学组织时,注意不同年龄阶段学生的运动负荷要合理,针对不同运动能力的学生群体,应细化其教学内容;要合理安排运动或训练的时间,控制运动量;要加强体育教学过程的安全防护,特别是物质设施方面,一定要在设施基础完善的前提下进行,如果学校的物质设施薄弱,那么应作出相应的调整,不能贸然在基础设施不足的条件下进行有风险的体育训练。

总之,体育教学组织的设计应重点关注教学安全的问题,因为安全是教学顺利开展的最基本前提。

第六节 体育课程教学评价体系设计

一、体育课程教学评价体系设计的原则

（一）科学性原则

设计体育课程教学评价体系不仅是为了对教学结果有清楚的认识,也是为了将教学的全过程真实反映出来。科学的体育课程教学评价体系应该是能够全面反映整个体育教学过程和最终教学结果的系统。在体育课程教学评价体系设计中应遵循科学性原则,要求合理筛选评价内容和评价指标,科学分配各个评价指标的权重。

（二）全面性原则

体育教学系统中包含的内容丰富多样,通过体育教学,既要使学生掌握体育知识和技能,又要增强学生体质,提升学生身体素质,培养学生的道德品质和高尚情操,使学生具备良好的审美素养。总之,要在素质教育理念下推动学生全面进步与发展,且这些复杂的内容都应该被纳入体育课程教学评价体系中。

第三章 体育课程教学设计的系统分析

（三）可比性原则

我们可以将体育课程教学评价的过程理解成一个客观比较的过程，这就要求学校构建的体育课程教学评价体系具备可比性特征，可比性也自然成了体育教学体系建设的一项重要原则。

二、体育课程教学评价指标体系的构建

（一）体育教师教学评价指标体系

体育教师教学评价指标体系能够比较全面地反映体育教师教学的全过程，构建体育教师教学评价指标体系要以"备课—上课—反思"的教学过程为核心，具体包括对体育教师备课的分析，对教学条件的分析及课堂教学设计与实施过程的评价以及课后的反思，观察体育课程教学目标的达成情况。基于这一思路，有关学者设计了体育教师教学评价指标体系，将教学过程组织情况、教学效果、教学准备情况以及教学评价确定为一级指标，如图3-3所示。

（二）学生体育学习评价指标体系

学生体育学习评价指标体系以简明的方式准确反映了学生体育学习的变化过程，其应该包含所有有关学生体育学习的因素。作为整体的指标体系可以基本反映学生体育学习的主要方面。有关学者压缩评价体系中的评价指标数量，以确保评价指标的可操作性，最后确立了四个一级指标，如图3-4所示。

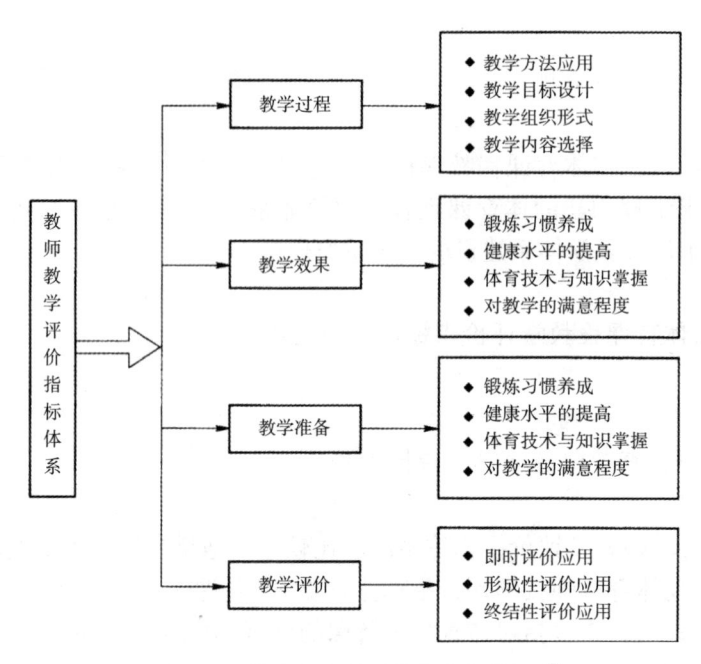

```
                         ┌─教学过程 ──→ • 教学方法应用
                         │              • 教学目标设计
                         │              • 教学组织形式
                         │              • 教学内容选择
                         │
                         │              • 锻炼习惯养成
教师教学评价指标体系 ─────┤─教学效果 ──→ • 健康水平的提高
                         │              • 体育技术与知识掌握
                         │              • 对教学的满意程度
                         │
                         │              • 锻炼习惯养成
                         │─教学准备 ──→ • 健康水平的提高
                         │              • 体育技术与知识掌握
                         │              • 对教学的满意程度
                         │
                         │              • 即时评价应用
                         └─教学评价 ──→ • 形成性评价应用
                                        • 终结性评价应用
```

图 3-3　体育教师教学评价指标体系[①]

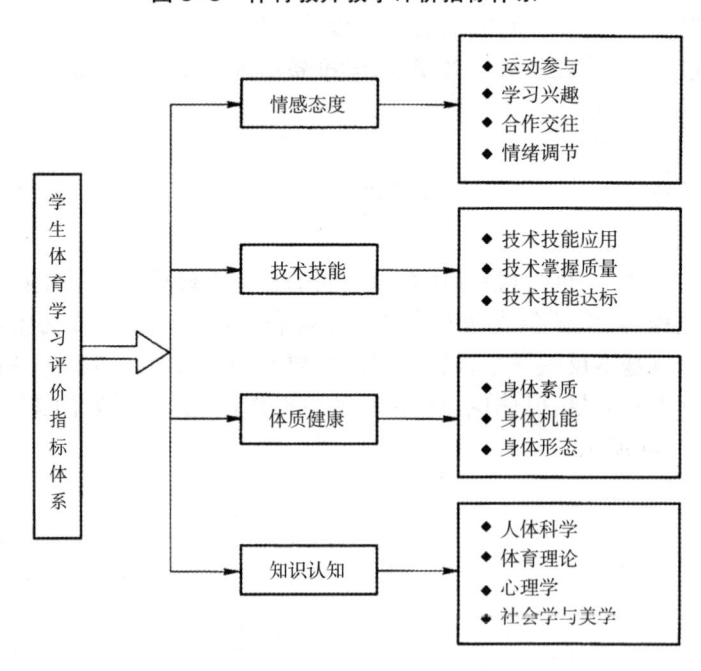

```
                         ┌─情感态度 ──→ • 运动参与
                         │              • 学习兴趣
                         │              • 合作交往
                         │              • 情绪调节
                         │
                         │              • 技术技能应用
学生体育学习评价指标体系─┤─技术技能 ──→ • 技术掌握质量
                         │              • 技术技能达标
                         │
                         │              • 身体素质
                         │─体质健康 ──→ • 身体机能
                         │              • 身体形态
                         │
                         │              • 人体科学
                         └─知识认知 ──→ • 体育理论
                                        • 心理学
                                        • 社会学与美学
```

图 3-4　学生学习评价指标体系

---

① 张振华.体育教学理论与方法[M].北京：北京师范大学出版社，2016：102.

第四章 现代信息技术下的体育课程教学设计

信息技术的应用是当前学校体育改革的一个关键要素,体育学科与信息技术的融合能够增加体育课程的活力,提高学生对体育课程的兴趣。当前,我国教育信息化已进入 2.0 阶段,现代教育技术与体育课程的融合已是大势所趋。在体育课程教学设计中引进先进的信息化教育理念和现代信息技术资源,能够丰富体育课程教学设计的成果,提高体育课程教学水平。

第一节 信息化教学理念

一、信息化教学的内涵

信息化是指将信息作为构成某系统或某领域的基本要素,并对该系统或者该领域中的信息生成分析、处理、传递和利用所进行的有意义活动的总称。

现代信息化教学是指以现代教学理念为指导,以信息技术为支持,应用现代教学方法进行人才培养的教学活动。现代信息化教学具有现代和信息化两个特点,其中现代指的是教学理念和教学方法都必须具有时代的先进性,信息化是指要利用信息技术、多媒体设备和网络教学资源等作为教学的辅助手段。随着网络的普及和信息技术的发展,信息化教学已经成为一种非常常见的教学方式,信息技术已经贯穿整个教学活动的始终,这对于教学质量和教学效率的提升具有非常重要的意义。

信息化教学的最终目的是促进教学效率和教学质量的提高。这要求必须将信息技术充分运用到信息化教学的过程中,使信息技术的优势得到充分发挥。同时,还要注重开发并使用多媒体教学资源,促进教育信息交流和教育资源共享的发展。

二、教育信息化的演进:从教育信息化 1.0 到教育信息化 2.0

教育信息化是将信息作为教育系统的一种基本构成要素,以先进的教育理念为指导,在教育教学、教育科研和教育管理等领域全面深入地运用以计算机、多媒体和网络通信为基础的现代信息技术,不断开发优质教育资源,培养适应时代发展要求的具有现代信息素养的创新型人才,实现信息技术与教育的深度融合,加速推进教育现代化的历史过程。

有学者将 21 世纪以来我国教育信息化的发展划分为两个阶段,分别是教育信息化 1.0 阶段(2001—2017 年)和教育信息化 2.0 阶段(2018 年以后)。当前,我们正处于教育信息化 2.0 阶段。2018 年 4 月,教育部发布《教育信息化 2.0 行动计划》,标志着我国正式迈向教育信息化 2.0 阶段。

在我国偏远地区有几百万学生因为没有足够的师资资源而无法顺利上课,师资不足成为制约偏远地区学校教育教学发展的主要因素。但随着信息技术的不断发展及其在教育教学中的广泛应用,这一现状得到了一定程度的改善,这表明我国走教育信息化之路之后取得了一定的成果,而且教育信息化应用水平还会随着现代教育技术的不断发展以及学校教育教学的深入改革而进一步提高,甚至对国内国外教学都产生重大影响。我国在教育信息化的改革与发展道路上,结合中国特色社会主义初级阶段的国情,致力于对中国特色社会主义教育教学信息化的路径加以探索,实现信息技术与各学科教学的多元和深层融合。

现阶段,我国有关部门正在进行对指引与促进教育现代化发展的相关文件的研究与制定,以便在科学理论和理念的指引下全面部署未来教育路线,做好宏观规划,更有目的性、方向性地开展教育工作,最终实现教育强国的战略目标。

在信息社会,教育治理离不开对信息技术手段的应用,将现代信息技术融入教育改革与治理中,构建教育信息化的改革与治理模式,在教育服务、教育教学过程以及教育管理中充分使用现代科技手段,尤其是现代教育技术,有利于促进教育信息化的可持续发展,进一步突出教育的人本性、平等性、开放性。教育信息化的发展既是宏观的,也是阶段性的。为了对教育信息化 2.0 有更加深刻的认识与理解,我们需要从宏观、中观和

第四章　现代信息技术下的体育课程教学设计

微观三个维度来对其发展变迁进行探讨。

(一)宏观维度：从基本应用向融合创新的转变

在教育信息化发展早期，主要是在学科教学中采用信息技术手段，促进信息技术与课程的整合，尤其是与课程实施过程也就是教学过程的整合。随着现代信息技术的不断发展及教育教学的深入改革，信息技术与课程或教学逐渐从表层的整合向深层的融合过渡，强调在教和学的过程中，教育方法、教育策略以及教育模式等应在信息技术的支撑与引领下获得更好的创新与应用。信息技术与教育从整合到融合、从表层联系到深入渗透，这充分体现了信息技术教育应用的发展与飞跃，也从侧面充分体现了教育信息化从1.0到2.0的发展趋势。在教育信息化1.0阶段，信息技术在教育教学中的应用是我国推进教育信息化发展的主要方向，强调教师要在学校教育中经常使用信息技术，使之成为普遍性的教学手段。而在教育信息化2.0阶段，随着信息技术与教育的深度融合，更强调在教育教学的改革与创新中信息技术所起的作用和发挥的功能，所以在教育信息化2.0阶段"创新"是关键。

有学者指出，区分教育信息化处于1.0阶段还是2.0阶段，要以教育与信息技术是整合还是融合为标志，或者说要以教育信息技术融合的程度与深度作为标志来判断和区分。在1.0阶段，教育与信息技术的融合不够深入，主要解决了一些关于基础设施的问题，而教师素质、教学观念等没有明显转变，很多学校和教师都是被动使用信息技术进行教学，或者说为了创新而创新，而不是真正从内心深处接受信息技术或认可信息技术。而在2.0阶段，教育与信息技术实现了深入融合，除了基础教学设施得到了改善，教学观念也在更新，教师的业务能力尤其是信息化教学素养不断提升，学生的信息化学习能力也有了进步，教师与学生普遍能够主动寻求信息化教学手段来解决教授与学习过程中遇到的问题，能够主动拥抱信息技术，而不是像1.0阶段那样被动应付。

从宏观视角而言，教育信息化2.0时代的到来对学校的教育教学条件和教师的专业素养提出了更高的要求，学校不仅要在教育教学中充分使用信息技术来提高教育教学效率与质量，还要在教学管理中采用信息技术来促进传统教育的改革，为传统教育的创新发展提供引领和动力，更好地实现教育资源的优化配置、校园文化的重塑、教学结构的优化升级以及重要价值的重塑。教育信息化2.0时代强调教育与信息技术的深度融合，在这一基础上实现教育的创新发展，所以说信息时代教育创新与教和信息技术的融合是不谋而合的。

虽然在教育信息化 1.0 时代就在教育中使用信息技术教学手段,但这一时期信息技术所起的作用主要是促进教育教学方法和手段的改进,只是做了一些简单的"修修补补",更强调通过利用信息技术来改革传统教学手段,促进教学环境的优化和教学方式的变革,但对于教育系统中的重大结构性变革,信息技术尚未起到应有的引领和支撑作用,而这在教育信息化 2.0 时代逐渐得到了弥补。

(二)中观维度:经验化管理向精准管理的转变

在教育信息化 2.0 时期,随着信息技术的不断变革和现代教育技术在多学科教学中的深入渗透,有关部门在学校教育管理中为提高管理水平,对人工智能、大数据等现代化技术加以应用,这是国家教育管理公共服务发展的必然要求,也是教育信息化发展到一定阶段的成果。在教育管理中采用信息技术并不是只将其应用到课堂教学工作的开展中,还会利用信息技术来提升教育质量,并为现代化教育管理工作的开展及提高教育管理水平提供基础支撑,如利用信息技术来更好地配置物质资源、调配人力资源、解决传统教育管理的遗留问题等。

总之,在教育信息化 2.0 阶段,从中观维度上来看,能够使教育管理摆脱经验化管理的困境,实施精准管理,实现教育管理的科学化、精细化和多元化。

1. 科学化管理

传统教育管理存在经验主义、管理决策片面化等问题,经验管理是缺乏科学理论依据和理论支持的,管理之所以出现了经验主义的问题,主要是因为管理技术自身的局限性,导致管理者无法获得大量可靠的数据,所以不得不靠经验进行管理决策。此外,传统教育管理还存在管理决策片面化的问题,主要原因是管理过程中各职能部门缺乏交流,信息分享不及时等。

在教育信息化 2.0 阶段,教育管理决策经验化、片面化的问题都能够得到解决,管理者从依靠经验管理转变为依据数据进行针对性管理,而且随着信息分享渠道的拓展,管理决策也越来越精准。

第四章　现代信息技术下的体育课程教学设计

2. 精细化管理

在传统教育管理中,因为教育教学是动态发展的,所以管理者很难对教育教学的综合情况、动态变化有准确、及时的把握,这就影响了教育管理的动态性,也导致管理决策与管理内容发生时间错位。而在教育信息化 2.0 时期,随着大数据在教育管理中的不断应用,管理者能够根据数据分析结果来开展具有针对性的管理,使如此及时、智能化的管理更加精准、有效。

3. 多元化管理

传统的教育管理以行政部门管理为主,管理结构具有封闭性、垄断性特征,管理主体以政府为核心,这种宏观管理模式虽然有利于统筹全局,但也有诸多弊端,会遗漏一些有必要管理但没有管理的地方。而在教育信息化 2.0 时代,管理主体多元化,多方利益主体都可以共同参与管理,不同组织机构可以利用互联网平台参与综合评估和管理决策,从而使教育管理更加民主,进一步满足多方利益主体的需要。

(三)微观维度:对教师的要求从基本技能向信息素养的转变

在教育信息化 1.0 时代,教师在教育教学中普遍应用信息技术手段,这对教师的信息技术应用能力提出了一定的要求,并将教师能否熟练运用信息技术进行教学作为评价教师信息化教学能力高低的一项重要指标。而在教育信息化 2.0 阶段,不仅要求教师能够熟练灵活地运用信息技术进行教学,还要求通过教师对信息技术的合适使用来实现信息技术与现代教育教学的深层融合。

信息技术在教育教学中能够起到什么作用,达到什么效益,作用发挥的程度如何,效益是大是小,这些在一定程度上都是由教学的引领者和直接实施者——教师自身的信息技术素养所决定的。之所以要整合信息技术与教学,主要是为了转变教学方式,提高教学效果和质量。而转变教学方式与转变教师角色应该是同步的,否则如果只是教学方式发生了转变,但教师不会实施新的教学方式,那么教学方式的转变便毫无实际意义。所以,我们在强调转变教学方式的同时,还要鼓励教师转变自身角色,从而使教师能够在教学内容传授、教学评价中运用基于信息技术的现代方法与策略来提高信息传播效率,客观评估学生的学习情况,同时能够在日常教学中运用数字化教学策略,提高教学水平。总之,教师角色的变化是教育信息化 2.0 时代的客观要求,是提高教育水平和育人效果的基本要求。

综上分析可知,从微观层次来看,教育信息化 2.0 时代对教师的要求从基本技能转向信息素养。但是目前我国很多教师的信息技术素养都不够高,一些教师只会用电脑打字、做 PPT,而对其他能够被运用到教育教学中的软件或功能则知之甚少。在信息化时代,要加快教育教学的信息化改革,提高信息化教育水平和质量,实现教师角色的转变和信息技术素养的提高,就有必要加强对教师信息技术素养的培养,并将此作为教育现代化发展中的一个核心环节来抓。

教育信息化 2.0 时代的到来对学校、教师和学生都提出了一定的要求,对学校而言,要加快进行信息化改革,转变教学方式,培养学生的核心素养;对教师来说,要自觉转化角色,提高信息技术教学能力,从而在信息化教学中对学生的核心素养进行培养;对学生来说,要自觉掌握信息技术手段,提高自主学习能力与核心素养。从对学校、教师和学生的要求来看,培养学生的核心素养无疑是教育信息化 2.0 时代的最终归宿。

在教育信息化背景下培养学生的核心素养,要以正确的价值取向为导向,防止技术理性凌驾于价值理性之上,否则会出现"以技术为本"的问题,与"素质教育"和"以人为本"的教育理念背道而驰。

培养学生的核心素养,将学生培养成为德智体美等各方面素质全面发展的人,使学生不仅文化基础扎实,而且社会参与度高,并能自主发展。具体来说,要培养学生的科学精神、人文底蕴、责任意识、创新能力,使学生会学习、会生活,能够为祖国建设和民族振兴作出自己的贡献。而培养学生的核心素养,使学生全面发展,就要围绕培养核心素养的要求加强对教育教学模式、人才培养模式的改革与创新。

一直以来,我国传统教育过分强调对学生知识素养和应试能力的培养,而忽视了培养学生的思考能力、实践能力和创新能力,这是我国实践型和创新型人才长期缺乏的一个重要原因。传统教学模式被一些学者称作是"人灌",主要表现为单向教学,缺乏反馈,教学内容单一,教学方法陈旧,面对众多学生采取千篇一律的、毫无差异的教学方法,学生学习比较被动,对教师言听计从,缺乏主动创造性。直至现在,这些"人灌"的教育问题还没有从根本上得到解决,而且随着信息技术在教育教学中的普遍运用,出现了"电灌"的现象,意思是教师单方面使用现代信息技术手段将教学内容灌输给学生,从本质上来说,它与"人灌"无异,只是灌输的

第四章　现代信息技术下的体育课程教学设计

工具发生了变化。为培养创造性人才,促进培养对象知识素养、能力素养以及综合素质的提升,必须打破"人灌"和"电灌"的限制,真正利用现代教育技术来培养全面发展的人才,这是教育信息化2.0时代教育教学改革和人才培养的基本导向。

总之,实施教育信息化改革,必须强调教育的开放性、适宜性、人本性、平等性和持续性,以先进的教育技术重建教育价值、校园文化,重点培养学生的核心素养,促进学生的全面协调发展,满足信息时代社会发展对新型人才的基本需要。

第二节　信息化教学设计在体育课程教学中的应用

一、多媒体组合教学设计

多媒体组合教学设计是信息化教学设计的常见形式之一,下面主要以多媒体组合教学设计为例分析其在体育课程教学中的应用。多媒体组合教学设计是利用文本、图形、动画、声音、视频等多种媒体方式来呈现信息,给学生提供多种外部刺激,引起学生的学习兴趣,实现教学过程的优化。

多媒体组合教学设计模式的产生和发展与美国教育技术专家戴尔提出的著名的"经验之塔"理论关系极为密切,如图4-1所示。

(1)最底层的经验最具体,越往上越抽象,各种教学活动可以依其经验的具体—抽象程度而排成一个序列。

(2)教学活动应从具体经验入手,逐步进入抽象经验。

(3)在教学中使用各种媒体使教学活动更加具体,并为抽象概括创造条件。

(4)"塔"的中间部位(观察经验)比上层的抽象经验更具体、形象,又能突破时空限制,弥补下层经验方式的不足。

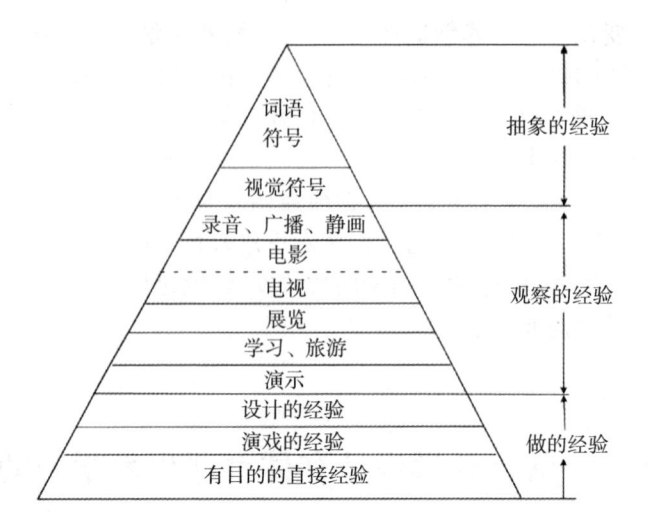

图 4-1 "经验之塔"[①]

"经验之塔"理论阐述了经验抽象程度的关系,符合人们认识事物由具体到抽象、由感性到理性、由个别到一般的认识规律;位于"塔"的中部的广播、录音、照片、幻灯、电影电视等介于做的经验与抽象经验之间,既能为学生学习提供感性材料,便于学生理解、记忆,又便于通过教师的提示、概括、总结而上升到抽象的概念、定理,最终形成学习规律,是非常有效的学习手段,因此它成为多媒体组合教学的一个重要理论基础。

二、体育课程教学中的多媒体组合教学设计

将多媒体组合教学设计模式运用到体育课程教学中,主要包括以下几个环节。

(一)教学大纲分析

通过体育教学要培养学生什么样的能力素质,通过安排哪些教学内容来培养这些素质,这在体育教学大纲中有明确规定。在体育课程教学设计中采用多媒体组合教学设计模式,首先要采用多媒体手段对教学大纲进行分析,将教学知识点对应的教学任务明确下来,为各个教学环节的

---

① 李文高.教学设计的新领域:信息化教学设计[M].昆明:云南大学出版社,2013:146.

具体设计提供指引。

（二）学生特征分析

学生特征分析主要是利用多媒体手段分析学生的初始状态,了解影响学生学习的个人因素,清楚学生要学习新知识和新技能需要先具备什么样的知识和技能水平,把握学生原有知识结构与新知识之间的联系,发现规律,为学生学习新知识提供启发。

（三）教学策略设计

在教学策略设计环节,将先进的教学媒体资源运用其中,以教学大纲、学生特征分析结果为依据对信息化教学模式进行设计,并制定具体的模式运作流程,最终实现体育教学效果的最优化目标。

（四）教学评价设计

如果没有教学评价,体育课程教学设计系统是不完整的。评价是为了对基于多媒体的体育教学设计系统的结构进行调整与优化,使系统内各个结构部分处于最优状态,提升系统的整体功能。

第三节　体育网络课程教学设计

体育网络课程是一种开放式的课程模式,与传统教学的封闭模式不同。作为现代教育技术与体育课程融合的产物,体育网络课程为提高体育教学质量和效果开辟了有效的手段和渠道。设计体育网络课程,必然要以网络为平台,以实现学生的自主学习为主要目的。本节重点对体育网络课程教学设计的理论与操作展开研究。

一、体育网络教学平台的优越性

（一）能够体现"主导"与"主体"的作用

当前，在体育教学中，学生的自主学习能力普遍不高，采用的学习策略较为单一，学习策略的水平也不高，从而严重制约了自主学习的结果。而构建体育网络教学平台，主要强调学生学习的自主性，要求学生根据自身情况确定自己的学习目标，制订适合自己的学习计划，选择实用的学习方法，并对自己的学习过程进行监控，对学习结果作自我评价。可见，网络教学对学生的学习策略、学习方式非常关注和重视，充分体现了尊重学生的主体地位，引导学生发挥自身的主导作用。在体育网络教学中，教师作为发挥主导作用的重要角色，主要任务是让学生学会学习，对学生的学习能力进行培养。

在传统教学平台中，也就是课堂教学中，教师的主导地位非常明显，主导作用的发挥也是通过显性教学行为体现出来的，而在网络教学平台中，教师虽依然是教学主导者，发挥主导作用，但主导作用则主要体现在一些隐性的教学行为中，如课下进行教学设计，为学生创设良好的网络学习环境，设置能够引起学生好奇心的问题情境，留出时间与空间让学生自主学习和探究等。由此可见，网络教学平台以学生的学习为主，和传统课堂教学有着根本的不同。

网络教学平台的出现是对传统课堂教学的重大突破和挑战，该平台对学生学习和教师教学的影响主要是通过与传统课堂的对比体现出来的。具体而言，网络教学平台对教师教的影响表现在以下几个方面。

（1）教师扮演的是学习的组织者和帮助者，不再一味机械式地传授知识和给出结论。

（2）教师为学生自主解决问题提供指导和帮助，如指出思路、创造条件、提供机会、给出建议等。

（3）教师能够采用个别指导法指导不同的个体，真正做到因材施教。

（4）教师采用的教学方法主要是培养学生的知识建构能力、信息获取与分析能力、实践能力。

网络教学平台对学生学习的影响表现在以下几方面。

（1）学生有比较强烈的主动学习意向。

（2）学生形成了内在学习动机，学习更持久。

第四章 现代信息技术下的体育课程教学设计

（3）学生的学习效率显著提高。
（4）学生能够从学习中产生愉悦感。
（5）学生独立学习能力得到提升。
（6）学生分析与解决问题的能力明显提高。
（7）学生产生了一些具有批判性和创造性的思维。
（8）学生倾向于自主探索解决问题的方法，而不是被动接受结论。

总之，体育网络教学平台对教师的教和学生的学都产生了重大影响，能够充分体现教师不一样的主导性和学生突出的主体性。

（二）能够促进课堂内、外的互补与统一

体育网络教学平台突破了传统的以班级为单位的集体课堂授课的局限，促进了课堂空间的延伸，学生可以对信息设备终端进行自行操作，通过自主学习体验网络学习环境带来的愉悦感和满足感，使学习过程更顺利，效率更高。体育网络教学无论从时空上还是从教学内容和方法上，都与传统课堂教学互补，相互统一。通过课堂内外的互补，能够更好地拓展教学内容，突出教学重点，提高教学效率，优化教学效果，还能有更多的时间对学生的课外学习进行指导和监督，保证学生的学习效果。

体育网络教学平台实现课堂内与课堂外的互补、统一的优势还体现在为教师的课前准备和学生的课后复习提供了便利。上课前，教师可以利用网络技术设计电子教案，这样既节省了时间，提高了效率，而且也能使体育教师利用这个机会提升自己的信息化教学能力。此外，教师运用多媒体手段保存课堂教学资源，学生在课后可以利用终端设备继续学习与巩固，这能够为学生自主学习提供便利。而且，学生课后复习与巩固时，教师也可以在线指导，帮助学生解决问题。在学期末或学年末进行教学总结时，将课堂教学与网络辅导相结合，能够更好地理清脉络、归纳问题、总结经验，从而向下一个阶段的教学平稳过渡。

构建体育网络教学平台，在促进课堂内与外统一和互补方面还体现在有助于学生的评价，能够更好地监控学生的学习过程，并根据学生的学习结果对课堂教学策略进行调整与优化。当完成某一教学任务后，可以利用网络的反馈技术来了解学生的学习情况、教师的教学效果以及教学目标的达成程度等，而课堂教学中存在的问题则能够通过学生在线交互情况、在线测验结果等方式体现出来，从而为教师改进课堂教学策略和模式提供真实可靠的信息。

（三）能够节约与高效利用教育资源

传统体育教学中存在教学场地设施不足、专业师资不足、班级学生多而难以个别指导等问题，这显然对体育教学的顺利实施造成了不利影响，制约了最终的教学效果。而构建体育网络教学平台能够解决传统教学中的一些问题，如促进教学器材设备利用率的提升，一定程度上解决了随意占用资源的问题；学生在网络教学平台上可以随时学习，能够解决传统教学中课堂教学时间短，教师不方便个别指导的问题。通过网络教学，还能促进教学资源共享，解决教学资源不足的问题。总之，体育网络教学平台与传统课堂教学相比具有自身独特的优越性，具有传统课堂教学不可比拟的优势。构建体育网络教学平台，能够使学生通过随时自主学习掌握体育知识与技术动作，最终促进学生体育综合素养的提升。

二、体育网络课程教学设计原则

网络教学有其自身的特征，有不同于传统教学的独特性，因此进行网络课程教学设计自然与传统课程教学设计有区别。在体育网络课程设计中，体育教师应遵循教育学原理和心理学原理，并依据传播理论进行创新设计，具体在设计中要贯彻以下几条重要原则。

（一）自主性原则

体育网络课程学习活动是在师生分离的情况下实施的，学生作为网络课程学习的主体，主要学习形式是利用网络资源自学。所以，要重视学生的主体地位和作用，体现学生学习的个性化特点，尊重学生自主学习的权利，发挥学生的能动精神。为提高学生自主学习能力，可为其提供灵活多样的检索方式，设计供学生随堂使用的电子笔记本，让学生构建作品和进行自我评价等。

（二）交互性原则

在体育网络课程教学中，师生不会面对面互动，师生处于分离状态，在此前提下进行网络教学。为了方便师生交流，使师生互动的效果不亚于面对面互动，在网络课程教学设计中要将网络技术的功能和优势充分

第四章　现代信息技术下的体育课程教学设计

利用起来,对虚拟教学环境进行创设,营造良好的网络教学氛围,为师生进行线上交流和讨论问题提供良好的条件。

（三）开放性原则

随着现代信息科技的迅猛发展,尤其是信息存储技术、传输技术的发展与渗透,使得人人都能遨游于知识的海洋中,每个人身边都有巨大的知识库。这充分体现了网络资源的开放性。利用网络的开放性进行体育网络课程教学设计,为学生提供丰富的学习资料,从多个角度描述与解释学习内容,从而提高学生的拓展思维能力和分析能力。

（四）多媒体化原则

不同的学生因为个人学习习惯的不同,在获取信息的渠道方面也有所差异,有的学生喜欢通过听来获取自己需要的信息,我们将其称为听觉性的学生;有的学生喜欢通过观看图像、文字来获取和保留信息,我们称其为视觉性学习者;等等。随着现代网络课程中计算机技术的深入渗透,使网络课程中的学习内容具有图、文、声、像并茂的特征,这对提高知识信息的传播效率和效果具有重要意义。

在体育网络课程教学设计中,应该从学生的学习习惯、学习风格出发,以学习内容为中心,将知识信息以丰富的形式呈现与传播,使现代教学媒体的优势得到充分发挥,促进学生学习效率的提升和学习效果的改善。

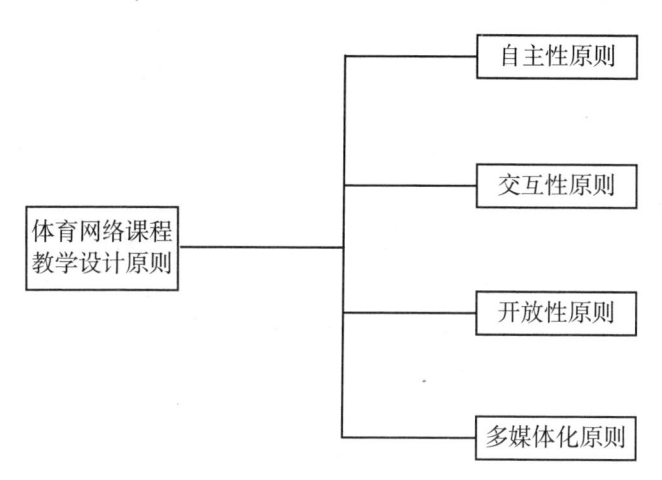

图 4-2　体育网络课程教学设计原则

三、体育网络课程教学策略设计

（一）教学内容组织策略

1. 学生主体策略

应用多媒体教学，以启发学生自主—合作—探究的学习方式为主，让学生主动参与课堂教学过程，学生主体地位的体现更加突出，在教学过程中，教学内容借助多种信息媒介完美融合在一起，便于学生更容易掌握动作技能的变化过程，由于人机的交互作用，学生成为多媒体环境下学习的主动者。

主体性策略注重学生自我发展，尊重学生主体地位，学生的主观能动性提高。在体育教学设计中，要摒弃传统的"填鸭"教学方式，真正让学生成为知识的接受者，更要成为学习过程的参与者，让学生积极主动地学习，大胆质疑，在主动学习中获得知识，以发展学生的主体性为中心组织教学。

2. 媒体引用适度策略

学生在体育学习过程中锻炼身体，享受"美"的艺术，在体育教学中引入多媒体，对提升体育教学效果具有促进作用。但是不能为了追求"形式"，喧宾夺主，注意引用的实用性，引用内容突出重难点，不能滥用。

多媒体是声音、图形、动画、视频和其他媒体的整合，在运动技能教学中教师有时用身体语言难以表达运动技能的形成过程、运动路线、运动节奏，而多媒体可以做到这些，因此许多教师在使用多媒体辅助课堂教学。但并不是所有的运动技能都适合用多媒体来辅助讲解，过分依赖多媒体会占用过多的课堂教学时间，过分形象多彩的课件也会分散学生学习的注意力。总之，多媒体是教师的好帮手，只有合理使用才能充分发挥其价值。

3. 整合协调策略

在学校体育教学中，利用多媒体交互性集成的特点，将动作技能之间

第四章　现代信息技术下的体育课程教学设计

看似不相关的表现结合为一种新的技能的学习,也可以称作认知"替换"。相互交互能够使动作技能学习更容易,使学生认知度提高。例如,健美操中的"一字步"和"V字步",表面看是两个步伐,其实就可以看成踏步的变形,用多媒体同时展现着三种步伐的路线,会发现就是踏步"变形记",原地是踏步,方向向前向后为"一字步",左右交替为"V字步"。

（二）教学互动策略

1. 人机互动

在多媒体环境下进行体育教学,网络资源或影像资料的使用成为不可或缺的部分。课堂中,学生除了通过观看教师示范进行动作学习,大部分时间都通过多媒体视频进行自主、探究式学习,小组成员通过对视频动作的理解和认识,熟练技能学习的过程,不断提高学习的主动性,并通过合作学习互相帮助、共同进步。在学生的随机学练过程中,影像资料成了学生学习的指导者,通过反复观看资料,不但能加深动作的记忆,还能增强动作的标准化、细致化。

2. 师生互动

体育课堂中引入多媒体教学手段,教师有更多的时间用于指导学生学习,关注学生的学习效果,及时解决学习中出现的问题,加强师生的交流。课堂中应用媒体教学,教师根据媒体呈现的视听画面合理提问,学生回答,及时反馈信息,及时启发和点拨学习中遇到困难的学生。虽然多媒体教学中增加了人机的互动,但是教师仍然是学生学习的"领路人""启发者"。所以,媒体成了师生互动的背景,促进了师生间的情感交流,形成了朋友式和谐师生关系,在朋友式和谐师生关系的驱使下,学生由被动上课变成主动上课,达到自觉锻炼、积极主动学习的目的。

3. 生生互动

在多媒体教学环境中,教师教学应该只占课堂教学时间的一小部分,大部分时间留给学生,让学生在学习过程中加强相互之间的沟通,有机会互相学习,激励学生间共同发展,我们将此称为"共生效应"。

生生互动学习即利用多媒体创设情境,身临其境的学习环境使学生的学习变得轻松愉快,学生互动是一种创造性的探索过程,互动学习能提高学生之间的通信效率,提高学生合作解决问题的能力,并提高学生的创新能力,从而取得良好的学习效果。

(三)教学评价策略

1. 自主评价,形成习惯

自主性是做任何事情的情感支撑,是主观能动性的体现,是体育教学模式转变的方向,是实现多媒体环境下学生学习目标的重要条件。

评价是教学的重要环节,合理的评价能激发学生学习的兴趣,强化学生自主学习的态度,是学习效果的集中体现,是对学生学习过程的肯定。但是,评价要客观、多元化,不能只重视学习成绩,轻视学习过程,应注重学生生理和心理的全面发展。在对学生实施评价的过程中,给予更多的肯定是十分重要的,多给予学生鼓励,提升其自信心,引导和培养学生进行自主学习的习惯。当学生在学习过程中遇到挫折时,教师要给予充分的鼓励,帮助他们克服困难;当学生取得良好的学习成绩时,教师应及时给予肯定,并鼓励他们继续努力,争取更好的成绩。

在多媒体环境下的体育教学中,学生是学习的主体,是执行学习任务的主体,学生自主学习时间增加,自主学习态度不断强化,他们积极参与运动,经过自主学习完成运动技能的学习,从而实现身心的全面发展。

2. 媒体互助,及时评价

学生在学习过程中通过观看现场教学录像掌握动作技能,同时教师也会在学生练习时为他们录制视频,然后与教学视频作对比,从而及时发现学生的问题,获得真实的反馈信息,帮助学生改进动作和提高学习效果。

四、体育网络课程教学设计的注意事项

在体育网络课程教学设计中为保证设计的科学性和实用性,要注意以下几方面的问题。

第四章　现代信息技术下的体育课程教学设计

（一）注重教育理论的科学指导

在传统体育课程教学中,师生面对面互动,教师可以根据实际情况而实时调整教学过程。而在体育网络课程教学中,师生分离,教师难以根据学生的学习情况而第一时间调整教学活动。为了弥补体育网络课程教学的这一不足,防止不断出现意外情况,在网络课程教学设计中要坚持现代教育理论的科学指导,使课程设计与学生的特征与需要高度契合。

在体育网络课程教学设计中,建构主义学习理论、认知主义学习理论、行为主义学习理论等都是非常值得参照的现代教育理论,这些理论的不断发展与成熟对体育网络课程教学设计与实践起到了重要作用,除了参考这些教育理论外,在教学设计中引进心理学领域的新观念也是非常必要的,这对完善体育教学设计具有重要意义。

（二）按照网络的特点进行设计

随着现代远程教育的不断发展,网络课程作为一种新的课程形式在高校教育中逐渐得到普及与推广。网络课程的特点是以网络为教学媒体,教学活动中以呈现学习内容为主。

有学者指出,任何学科的教学过程的结构要素都可以概括为六个方面,分别是教学目标、教学内容、教学媒体、教学方法、社会文化的先决条件(多指社会意识形态、政策、环境等)以及个体的先决条件(多指学生的个人情况)等。不管是传统课程还是网络课程,在教学过程中涉及的内在结构要素不外乎就是这几个方面,但传统课程与网络课程毕竟是两种不同的课程形式,它们的结构因素也存在本质上的区别,课程设计者着手体育网络课程教学设计时,必须按照网络的特征去设计,发挥网络的优势,体现各个结构要素的网络化特征。

（三）清楚学习者的特点和需要

体育网络课程教学在培养学生综合素养方面具有重要作用。在网络课程教学中,学生作为学习主体利用网络资源进行自主学习,这是主要学习方式。认知心理学理论指出,简单地从外界接收知识并不意味着就获得了知识,面对复杂的外界知识时,学生若能够自主选择信息,主动理解信息,才能实现意义学习,才能真正获得知识。学生的认知结构是其进行意义学习的基础,学生先获得的知识会影响其之后对其他外界知识的学习与获得。从这一原理来看,在体育网络课程教学设计中,教师对学生学习特征、学习需要进行分析非常必要。

体育教师必须基于对学习者特征与需要的了解来设计网络课程教学,网络课程的教学起点应该放在学习者原有的知识水平和认知结构上,在此基础上考虑网络知识结构与学生认知结构是否协调、适应,从而保证学生更好地接收与理解新知识,完善原有的认知结构,并在获得新知识的同时建立新的认知结构。

总之,在体育网络课程教学设计中,必须从学生的学习特征、学习需要出发对课程内容、学习活动、学习评价方式进行设计与确定,从而更好地保证学生通过自主学习而顺利达到学习目标。

(四)加强多方合作

体育网络课程的教学过程主要包括设计和开发学习资源、学习支持两个阶段。其中设计与开发学习资源需要多方合作才能实现。在这一阶段,设计者要先全面了解学生的学习特点、学习需要,然后科学合理地设计学习内容,并邀请经验丰富的优秀体育教师筛选学习内容。在现有网络环境下,教师设计的网络课程能否顺利实施,选择的媒体能否充分发挥预期作用,课程开发的成本是否在预算范围内;等等,这些都需要相关专家的参与才能达到令人满意的效果。可见,在体育网络课程教学设计中必须重视多方合作,发挥有关领域专业人士的积极作用。

第四节 体育课程教学智能评价系统设计

一、体育课程教学智能评价的必要性

体育教学评价是一项较为复杂的系统工程,它的显著特点是层次复杂、结构性强、处理的信息量大,需要消耗大量的人力、物力和财力,传统的人工处理的方法已不能满足评价准、评价快、评价好的要求,因此必须实现体育教学评价计算机化,使自我评价成为提高学校体育工作水平的一种经常性行为。而且,运用计算机网络技术后,许多评价采用通信评价的方式就可实现,从而减少评价工作量。

二、体育课程教学智能评价系统的结构设计

（一）结构设计的思路

体育课程教学智能评价系统设计的总体思路是：首先,实现专家系统与神经网络的集成,将神经网络作为被调用的函数嵌入专家系统中,使其作为专家系统知识获取或信息收集的工具,然后将所得到的知识转化为专家系统推理过程中的事实和规则；其次,将集成好的神经网络专家系统与决策支持系统相结合,实现决策支持系统的智能化。

（二）结构要素

体育教学评价系统由智能人机接口、系统总控模块、体育教学评价指标体系管理子系统、具有神经网络专家系统的综合评价子系统、评价结果输出模块、系统自学习模块组成。其中体育教学评价指标体系管理子系统又由指标体系构造模块、评价指标提取模块、综合信息、查询模块、数据库管理系统、中心数据库、标准数据库和数据字典组成；具有神经网络专家系统的综合评价子系统由评价问题求解模块、评价结果分析模块、综合调度管理模块、推理机、知识库管理系统、系统知识库、神经网络知识库、模型方法管理系统、模型库、方法库、样本管理系统、样本库、评价分析结果数据库组成。

第五节 学生网络自主学习系统设计

一、基于网络的自主学习

在网络技术支持下形成的网络教学时空环境中包含了课程、资源、教师、学生等教学要素,这些要素是通过技术平台和交互平台被集成到一起的。网络教学时空环境具有明显的开放性、交互性、灵活性以及共享性,基于网络环境的自主学习对培养学习者的综合能力及提升学习者的学习效率具有重要意义。

基于网络的自主学习是指学习者利用计算机和网络提供的学习支持服务系统,主动选择学习内容,制订学习计划,自由安排学习时间、地点,从而自我获取知识,实现有意义知识建构的一种学习方式。[①]它与传统意义的自主学习有明显的区别。传统的自主学习以课堂学习为主,强调学习者能动性的发挥和学习中的自我调整,以学习者、学习资源、学习方法、教师为主要因素。基于网络的自主学习则以学习者、网络学习资源、网络学习环境、教师等因素为主。可见,网络环境下的自主学习其支持服务系统的辐射范围更宽泛。

传统教学中教学内容的线性结构通过网络资源组织技术的加工而发生了显而易见的改变,该技术具有超媒体、超文本等特征,以超媒体节点、超文本节点为链接的知识微结构逐渐取代了传统固定的线性知识结构,这体现了传统自主学习在组织形式上的重大变化,在新的组织形式下,学习者不再被传统知识结构牢牢束缚,而能根据自己的需要重新组织知识内容,形成新的结构,这对培养学习者的思维能力、学习能力都有重要影响。

二、网络自主学习系统的基本结构

(一)网络自主学习系统的自适应性

自适应性是网络自主学习系统的重要特征与功能之一,不同个体的自主学习存在一定的差异,包括因人而异、因时而异等,自适应性指的就是针对这种差异而提供与个体特征相符的学习支持。

从本质上来看,自适应学习就是个别化学习。网络自主学习系统具有自适应功能,该系统要满足下列准则才能充分发挥与实现这一功能。

(1)具有超文本性、超媒体性。

(2)有稳定的用户模型,使用该用户模型向超媒体系统提供自适应性。

---

① 蒋立兵,易名农.现代体育教育技术[M].武汉:中国地质大学出版社,2012:157.

第四章　现代信息技术下的体育课程教学设计

（二）网络自主学习系统的技术与结构

1. 技术

从网络自主学习系统的自适应性功能来看，其具有下列两个非常重要的技术。

（1）自适应技术。基于网络的自主学习系统的自适应性一方面表现在结构上，另一方面表现在内容上，这两个方面的自适应表现各自对应一种自适应技术，结构方面对应的自适应技术是自适应导航，而内容方面对应的自适应技术则是自适应展示。

（2）用户模型。用户模型也是网络自主学习系统的技术内容之一，它指的是一种能够将系统用户个人特征充分体现出来的技术模块，具体包括教师模型和学生模型两种。

2. 结构

网络自主学习系统的组件主要有下列三个。

（1）领域模型。这一模块包含与学习内容有关的所有信息。

（2）学生模型。学习者的信息主要存储于这一模块，该模块将学生的信息数据提供给教学模型。

（3）教学模型。该模块以上一模块提供的信息和学生的不同需要为依据而对学生后面的学习活动作出决策。

综合上述分析，网络自主学习系统的结构模型如图 4-3 所示。

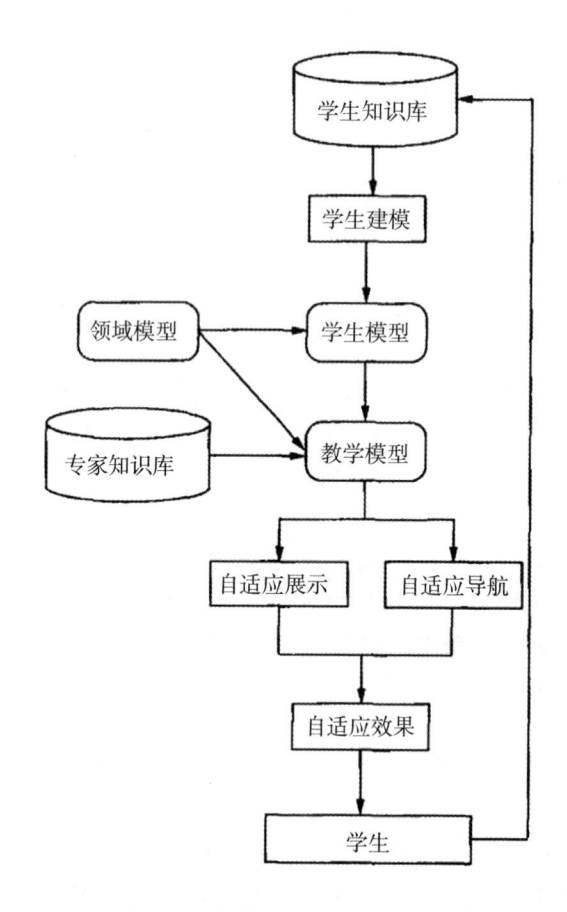

图 4-3　网络自主学习系统的结构[1]

三、学生网络自主学习系统的设计思路

在体育教学中,教师和学生比较熟悉的教学过程是课堂教学、学生练习、测试评价,这里以师生都熟悉的教学过程为基础来设计简单实用的自主学习系统,要保证学习系统的简易性、实用性,就要尽可能从基础的、普遍的设计软件来着手设计,将现有成果充分利用起来,不过分追求美观的页面和多元的网络技术,而将促进学生学习效果的提升作为重点。之所以保持这样的设计理念,是为了进一步促进信息技术与体育课程的整合,为此探索一条易掌握、易实现的途径。

---

[1] 阿英嘎.信息技术与体育教育专业课程整合[M].南京:南京师范大学出版社,2010:122.

第四章　现代信息技术下的体育课程教学设计

　　设计网络自主学习系统,在选择呈现学习内容的方式时,对电子文本的教案或教学课件可以不予采用,因为这类课件与教案往往是教师根据自己的理解、经验设计的,是从教师的思路和视角出发制作的,虽然教师在设计时也是以教学目标、教学内容为依据,但也不乏主观主义色彩,这样在学生自主学习中不免会出现教师"先入为主"等问题,从而与"以教为主"的教学系统无异。

　　在学生网络自主学习系统的设计中,需要从体育教学大纲、体育教材等主要知识点出发进行文本导航栏的设计与编制,这样便于学生根据自身需要选择适合自己的学习方法,围绕主要学习内容来完成知识的意义建构,以顺利实现学习目标。

　　学生网络自主学习系统的功能模块以及模块之间的逻辑关系如图4-4所示。自主学习系统应包含两个入口,即教师入口和学生入口。

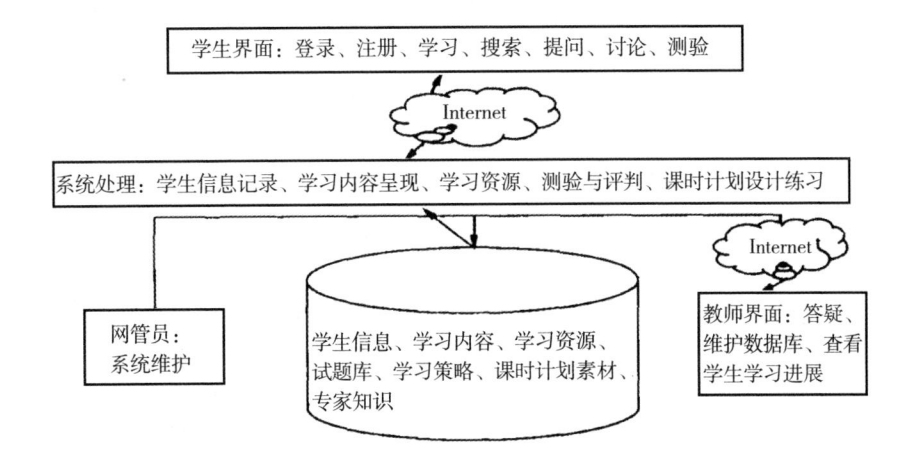

图 4-4　网络自主学习系统功能模块的逻辑关系 [①]

四、学生网络自主学习系统界面的设计

　　学生对体育课程内容的兴趣是其开始自主学习和持续自主学习的内在动力。学生基于网络进行自主学习,学习系统的页面往往会使学生产生第一印象和即兴看法。另外,学生使用该系统进行自主学习是否顺利、学习效果是否满意,主要受系统交互界面友好程度的直接影响,因为它是

---

① 阿英嘎.信息技术与体育教育专业课程整合[M].南京:南京师范大学出版社,2010:123.

用户与计算机交换信息的重要通道。

一般来说,应按照简洁实用的原则来设计自主学习系统的界面,不重要的元素尽量不要出现在系统界面中,否则会分散学生的注意力,导致学生本该集中在学习内容上的注意力分散到其他地方。

下面具体从三个方面分析体育信息化教学中对学生网络自主学习系统界面的设计与制作。

(一)导航栏

在自主学习系统设计中,导航的作用是举足轻重的,建议系统设计中用直观形象的树状结构来设计导航栏,学习内容的章标题以超文本形式呈现出来,用户点击每章标题时,该章内容包含的节标题就会展开,这样学生对教材内容的目录结构一目了然,直接选择要学习的内容即可。被选中的章节文字颜色会发生变化,以与其他章节相区别。[①]

为便于用户与系统的对话,建议采用多级菜单方式,这是比较基础的方式,用户即使对学习系统不熟悉,也能自主操作。

(二)学习内容呈现

用户点击某一节点时,便会出现该节点的下级节点,而且选用章节的页面内容也会出现在对应的框架中,以这样的方式呈现学习内容可以避免学生逐个点击页面寻找自己需要的内容,防止学生"迷航"和浪费时间。当然,要为自主学习系统赋予这样的功能,就要采用嵌入式框架来展现导航栏中相应章节的内容,具体可采用 Front Page 来实现。

(三)多框架页面

在自主学习系统设计中,可以将页面分为若干相对独立的屏面,使系统具有动态化的多屏性能。学生点击页面上的不同屏面,可以动态浏览结构化学习内容,还可以对页面大小进行自主调整,如将多个页面缩小,对不同页面的学习内容同时进行浏览。要想在一个窗口来滚动显示大文件,就需要利用窗口技术来实现,这对人机交互能力的提高大有裨益。

---

① 阿英嘎.信息技术与体育教育专业课程整合[M].南京:南京师范大学出版社,2010:124.

第五章 体育课程教学模式设计与现状分析

体育课程教学模式是对体育课程教学活动进行组织与调控的完整方法论体系,教学模式不仅能够为教学设计提供理论思路,还能为教学实践提供方法指导。对体育课程教学模式的构建与运用情况直接影响体育课程的教学效果,影响体育课程目标的实现。在体育课程教学中要树立科学的教学理念,在科学理念下构建教学模式,并不断改革创新,充分发挥教学模式的功能与价值,提高体育课程的教学质量。

第一节 体育课程教学模式的概念、分类与特点

一、体育教学模式的概念

教学模式是指反映特定教学理论逻辑轮廓,为实现某种教学任务的相对稳定而设计的教学活动结构。体育教学模式是把教学模式的定义引申到体育教学理论中,其既要有模式的共性,又应有体育教学的个性。可以把体育教学模式定义为:体育教学模式是指在一定的教学思想或理论指导下,设计和组织体育教学,并在实践中建立起来的各类体育教学活动的范型,它以简化的形式稳定地表现出来。[①]

二、体育教学模式的分类

体育教学模式千差万别,基于不同的标准可以对其类型进行不同的

---

① 陈炜,黄芸. 体育教学与模式创新 [M]. 北京:光明日报出版社,2016:88.

划分,下面主要介绍两种分类方法。

(一)根据体育教学要素进行分类

体育教学体系包括体育课程、体育教学思想理论、教学目标、教学方法、教学组织形式等重要因素,依据不同的要素可以对体育教学模式进行不同的类型划分,如图 5-1 所示。

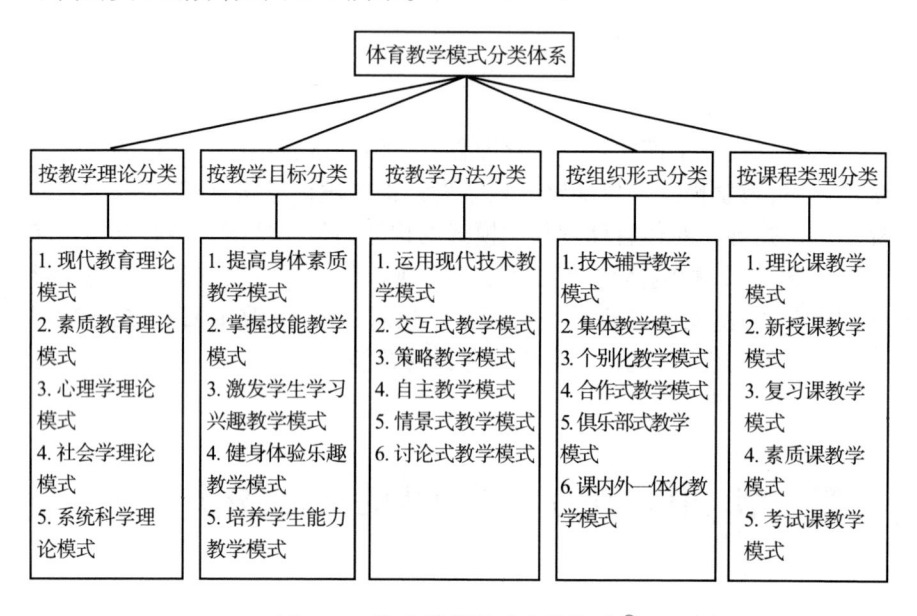

按教学理论分类	按教学目标分类	按教学方法分类	按组织形式分类	按课程类型分类
1.现代教育理论模式 2.素质教育理论模式 3.心理学理论模式 4.社会学理论模式 5.系统科学理论模式	1.提高身体素质教学模式 2.掌握技能教学模式 3.激发学生学习兴趣教学模式 4.健身体验乐趣教学模式 5.培养学生能力教学模式	1.运用现代技术教学模式 2.交互式教学模式 3.策略教学模式 4.自主教学模式 5.情景式教学模式 6.讨论式教学模式	1.技术辅导教学模式 2.集体教学模式 3.个别化教学模式 4.合作教学模式 5.俱乐部式教学模式 6.课内外一体化教学模式	1.理论课教学模式 2.新授课教学模式 3.复习课教学模式 4.素质课教学模式 5.考试课教学模式

图 5-1 体育教学模式分类体系 [1]

(二)根据体育教学过程的规律进行分类

根据体育教学过程中的各种规律对体育教学模式进行分类,具体划分方式见表 5-1。

---

[1] 葛冰.体育教学模式的整体优化研究 [D]. 东北师范大学,2007:25.

第五章　体育课程教学模式设计与现状分析

表 5-1　根据体育教学过程的规律进行分类[①]

体育教学过程中的规律	模式类型	操作程序
认识规律	发现式模式 启发式模式	（1）问题假设 （2）实验性练习 （3）验证练习 （4）结论评价
技能规律	技能传授式模式 程序式模式 自学式模式	（1）整体认识 （2）分解学习 （3）完整串联 （4）熟练巩固
负荷规律	训练式模式 活动式模式 自练式模式	（1）准备性活动 （2）主活动 （3）副活动 （4）整理活动
交往规律	小群体模式 体育课堂社会模式	（1）集团组成 （2）集团学习 （3）集团机制 （4）集团解散
情感规律	情景教学模式 快乐教学模式	（1）初步体验（活动乐趣） （2）挑战学习（学习乐趣） （3）创造改良（创造乐趣）

（三）依据体育教学的本质特征进行分类

现代体育教学活动的本质特征是"运动技术学练"，依据这一本质特征，并结合"二分法"原理，可以将体育教学模式划分为运动技能类教学模式与非运动技能类教学模式两种类型（图5-2），这种分类方法将运动技能类教学模式单独划分出来作为体育教学模式的一个大类。

[①] 李国泰.体育课程组织形式及其教学模式论[M].重庆：重庆大学出版社，2005：104.

```
                    ┌ 传统运动技能教学模式：运动技术程序式教学模式
                    │ 启发式体育教学模式：在学习运动技术前置疑问，产生
                    │   有意义学习
          运动技能类 │ 领会式教学模式：先尝试比赛，体会学习运动技术的意
          教学模式  ┤   义后进行运动技术学习
体                  │ 选择式教学模式：让学生参与运动技术的选择和深入
育                  │   学习
教                  │ 小群体教学模式：利用集体中学生间的互动更好地学习
学                  │   技术
模                  └ 成功体育教学模式：设置不同的技术难度要求，使学生
式                      有针对性地选择运动技术
的
分          ┌ 快乐体育教学模式    ┐ 在运动技能要求
类 非运动技能类教学模 │ 体育锻炼类教学模式  │ 较低的情况下初
  式（介绍或尝试类教学┤ 情景式教学模式     ├ 步尝试与体验运
  模式）         └ 发展学生主动性教学模式 ┘ 动情感
```

图 5-2 体育教学模式的分类[①]

第二节　体育课程教学模式的科学构建

一、体育课程教学模式构建的原理

构建体育课程教学模式要遵循一般原理，具体包括以下三个方面的内容。

（一）教学理论基础

体育教学理论是对体育教学的本质及机制进行探究的一套具有科学性、系统性的理论。设计体育教学模式时要创造良好的体育教学环境，从学生的需要出发制定切合实际的教学方案。教学理论是教学模式设计的主要依据，其为构建教学模式提供了坚实的理论基础。

体育教学过程就是解决体育教学问题的过程，在解决问题的过程中应对教学的一般规律进行研究与总结，从而形成具有科学性、规律性的教

---

① 邵伟德.体育教学模式论[M].北京：北京体育大学出版社，2005：138.

第五章　体育课程教学模式设计与现状分析

学系统。设计体育教学模式也是发现体育教学问题并分析与解决问题的过程,因此体育教学理论是体育教学模式设计的重要理论前提。现阶段,我国和国外的体育教学理论都趋于成熟,在成熟的理论依据下能够为设计科学多元的体育教学模式提供极大的便利。

（二）"健康第一"指导思想

我国体育教学倡导"健康第一"的教学理念,要求时刻关注学生的体质健康,要以学生的健康发展为中心,对学生的主体性予以充分的尊重。学校是培养人才的重要基地,国家未来发展所需的人才主要源于学校的培养。后备力量只有拥有健康的体魄和强健的体质才能更好地学习技能,发展成为国家的栋梁之才,为祖国建设作贡献。因此,学校必须重视体育教育,在"健康第一"教学思想的指导下开展体育教学工作,全面重视学生的体育课堂学习和课外体育锻炼,培养学生的健康体质和综合素质,促进学生健康全面地发展。"健康第一"教学理论的提出也使得体育教学理论和实践进一步丰富、发展和完善,并明确提出了关于促进学生健康的教学目标,包括促进学生身心健康和社会适应能力的提升。健康的内涵是丰富的,健康的表现是多维的,并不能简单地将没有疾病称为健康,人的健康是一种和谐状态,是一种全面的健康状态,包括身体、心理、精神以及社会适应等多个方面。促进学生全面健康是体育教学的主要目标。设计体育教学模式,首先要考虑对学生健康有利的因素,要在"健康第一"的指导思想下进行设计,该理念为模式设计提供了重要的现实依据。体育教师首先要对"健康第一"理念的内涵有深刻的理解与把握,然后基于对体育教学规律、本质特征的深刻认识而进行体育教学模式设计,以提高体育教学模式的科学性与实效性,并充分发挥体育教学模式实施过程中的健康价值。

（三）系统论

系统论指出,所有系统的构成都包含若干要素,系统内各组成要素相互联系、相互作用、相互影响,各要素的和谐组合与连接有助于使系统的整体功能得到提升。任何事物都是一个由若干要素构成的有机整体,或者都是一个完整的系统,它们的生存与发展离不开与周围环境的相互联系与相互作用,系统时刻都在与环境发生多元素的交换,包括物质交换、信息交换以及能量交换,正因如此,系统才能保持相对的稳定状态。系统在与周围环境相互联系、发生交换的过程中又会形成新的系统。

体育教学模式作为一个系统同样由多元素构成,各组成要素之间是否和谐组合与连接,直接影响教学模式的整体功效。体育教学系统本身也包含了丰富的要素,各组成要素相互影响、共同作用,如此才使得体育教学系统稳定运行。体育教学系统处于一定的环境中,可以说,教学环境是一个包含体育教学系统的大系统,在这个大的系统中,体育教学系统是一个重要分支。为了促进这个分支系统的正常运行,取得理想的体育教学效果,必须在科学理论的指导下控制体育教学实践,尤其要优化整合体育教学模式内各组成要素,并加强各模式之间的相互联系,这些都会对整体的体育教学质量产生重要影响。总之,要根据系统论原理来设计体育教学模式,制订体育教学计划,实施体育教学的整体评价,以促进体育教学系统的全面优化与完善。

不管从宏观视角看,还是从微观视角分析,教学模式的构成因素都是多层次的。宏观视角下教学模式由教师、学生、场地、教材组成,师生在一定的教学场地环境下依赖教材而展开教学活动。师生充分发挥主导性与主体性,体育教学场地设施完善,教材科学规范,能够大大提高教学模式的整体功能,提高教学效果。

二、体育课程教学模式构建的流程

体育课程教学模式的构建程序如图5-3所示。

(1)明确指导思想。选择用什么教学思想作为构建模式的依据,使教学模式更突出主题思想,并具有理论基础。

(2)确定构建模式的目的。在明确指导思想的基础上,确立建构体育教学模式所达到的目的。

(3)寻找典型经验。在完成第一步的基础上,通过调查研究,寻找恰当的典型经验或原型作为教学案例,且案例要符合模式构建思想与目的。

(4)抓住基本特征。运用模式方法分析教学案例,对教学案例的基本特征与教学的基本过程进行概括。

(5)确定关键词语。确定表述这一体育教学模式的关键词。

(6)简要定性表述。对这一体育教学模式进行简要的定性表述。

(7)对照模式实施。对照这一体育教学模式实施具体实践教学,并进行实践检验。

(8)总结评价反馈。通过体育教学实践验证,对实践检验的结果进行归纳总结,初步实践之后调整修正模式,并通过反复实践以不断完善。

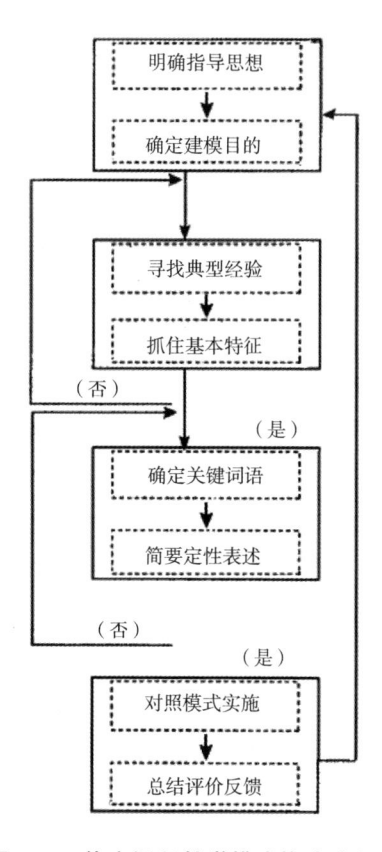

图 5-3 体育课程教学模式构建流程

三、体育课程教学模式体系的建设路径

（一）树立终身体育教学理念

随着国家对体育的不断重视,体育在我国的地位得到提高,我国为激发大众的体育热情和健身积极性,提出了全民运动理念和全民健身计划,全民运动热潮逐渐兴起。全民运动理念是我国体育运动发展的重要理念,全民健身活动是我国体育事业的重要组成部分,全民运动理念的传播和全民健身热潮的兴起使人们逐渐认识到终身体育锻炼的重要性。将终身体育理念引入学校教育中,树立终身体育教育理念,是适应时代潮流和社会发展的需要,该理念与我国体育事业的发展需要和学生体育学习诉求高度契合。

学校应树立终身体育教育理念,培养学生的终身体育锻炼意识和体育锻炼能力,具体要做到以下两点。

第一,将终身体育理念渗透到体育教学模式体系的建设中,使学生对终身体育锻炼的重要性有充分的认识,将体育教学在促进学生全面发展方面的重要作用凸显出来,使大学生自觉进行体育锻炼。体育教师要善于运用先进的教学手段与教学方法调动学生体育学习和体育锻炼的积极性,强化学生的体育兴趣和自主锻炼意识,引导学生养成良好的运动行为习惯。

第二,围绕学生健康主题展开体育教学,将健康理论知识教学和运动技能实践教学结合起来,丰富学生的体育理论知识和健康知识,使学生掌握对健康有益的体育运动技能,从理论与实践两个方面为大学生终身体育锻炼行为习惯的养成奠定坚实的基础。

(二)改善体育教学设施条件

当前,我国体育教学的发展中存在一些问题,其中教学设施落后和教学设备不完善的问题对体育教学活动的开展和最终的教学效果都造成了严重的影响。对此,在建设体育教学模式体系的过程中,要加大对体育教学基础设施建设的投入力度,不断更新教学设施与设备,完善硬件设施条件,创建良好的体育教学物质环境。

随着体育教学现代化水平的提高,体育教学手段越来越科技化、先进化、智能化,将先进的教学设备和运动器材引进体育教学中,有助于调动学生的学习兴趣,为体育教学提供诸多方便,提高课堂教学效率。此外,借助智能设备还能对学生的身体健康水平、体能水平、运动技能水平等进行检测,从而了解教学模式实施的效果,为完善教学模式体系与健全教学评价体系提供可靠的指标与数据,同时也能参照客观指标而对个性化的体育教学模式加以构建。

(三)完善体育教学管理机制

当前体育教学管理中存在管理僵化,管理机制适用性不强,不够灵活等缺陷,管理不科学直接影响了体育教学中的因材施教,也对学生自主学习体育知识与技能造成了阻碍,对学生的个性化发展和全面发展造成了制约。鉴于此,当前建设体育教学模式体系必须积极调整与科学优化体育教学管理机制,对各种管理机制如教学过程监控机制、师生评价机制、教学质量评估机制、学分制等予以完善,将体育教学管理与教学过程中的其他环节有机结合起来,通过统筹规划为体育教学活动的顺利开展及提高教学效果提供科学有效的保障机制。

(四)提高体育教师业务能力

建设体育教学模式体系离不开体育教师的参与,体育教学模式的实施效率和应用效果直接受体育教师的影响。因此,在体育教学模式体系建设中不能忽视对体育教师队伍的科学培养,要加强对体育师资队伍业务能力的培养,促进体育教师专业水平、道德品质和精神素养的提高,使其在体育教学过程中充分发挥自己的专业性,实现自我价值,提高教学质量。

提高体育教师的业务能力重点要做好以下两方面的工作:

第一,引导体育教师树立先进的教学理念,树立素质教育理念、创新教育理念,在科学理念下着手教学工作,提高教学的创新意义和效果。

第二,对体育教师进行专门的业务能力培养,丰富体育教师的教育理论知识和体育理论知识,提升体育教师的运动技能水平和教学技能水平,使体育教师熟练掌握并灵活运用各种体育教学模式,提高各种模式的应用效果,提升教学质量。

四、多元教育融合下体育课程教学模式的程序设计

在知识经济时代,国家与民族的发展离不开科技和教育的推动。通过发展教育,要对优秀的高水平的全面型人才进行培养,全面型人才要具备的特点是科学文化素质高、身心健康、人格健康、品德高尚、责任感强、人生态度积极等,人才培养目标充分指明健康教育、科学教育和人文教育成为我国高校教育的重要组成部分和重点内容。随着高校体育教育的不断改革与发展,其与科学教育、健康教育、人文教育不断融合,科学、健康、人文等方面的教育在体育教学中深入渗透,并得到充分体现。在体育教学改革中,教学模式的改革创新是非常重要的一个方面,教学模式改革过程中也同样将科学教育、健康教育和人文教育融入其中,在多元化教育融合中不断创造出新的教学模式。

随着科学教育、健康教育、人文教育在体育教学模式中的不断渗透,体育教学中越来越重视学生的主体地位,体育教师试图以学生的立场来把握教学内容、组织教学过程、设计教学方法,尽可能使学生的合理需求得到满足,使学生的学习积极性、自主学习能力得到提升,并使学生能够根据自己的实际情况建立学习目标、制订学习计划,在自主学习中享受体育的乐趣,提升自身健康水平、运动能力以及体育素养。

有学者从体育教学模式的概念出发,结合体育教学模式与科学教育、健康教育、人文教育融合的指导思想、基础理论以及趋势,指出多元教育融合下体育教学模式的操作程序如图 5-4 所示。

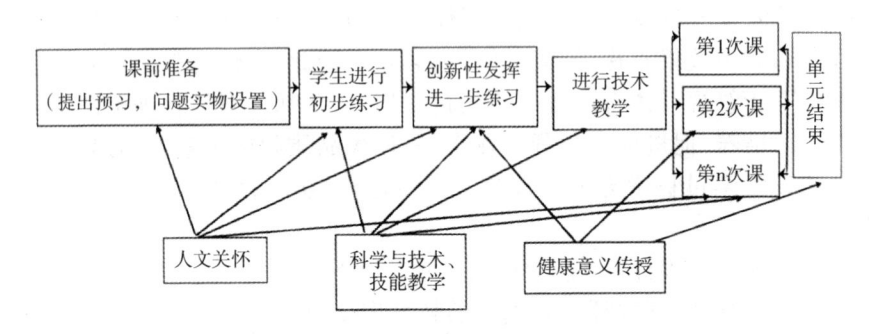

图 5-4　多元教育融合下体育教学模式的操作程序[①]

从图 5-4 来看,多元教育融合背景下体育教学模式的操作程序比一般的教学模式的操作程序更加复杂,其中充分体现了健康意义传授、科学与技术、技能教学以及人文关怀,它们相互交叉,对整个体育教学过程和教学效果有重要的影响。

下面简单分析多元教育融合背景下体育教学模式的构建与操作。

（一）课前准备

课前准备阶段,教师要先熟悉和深入理解课程内容,在正确而深入地把握课程内容后,设计单元目标,并对相应的教学情境进行设置。这一阶段还要求教师了解学生的各方面情况,为因材施教和个性化教学做好准备。

教师在这一阶段设置教学情境时,要注意尽量设计能够吸引学生注意力、启发学生自觉思考以及能够在实践中得到检验的问题,以激发学生的学习动机和自主性,同时教师要结合具体技术来设计教学场景,充分把握教学内容中的重难点。

---

① 陈炜,黄芸.体育教学与模式创新[M].北京:光明日报出版社,2016:125.

第五章　体育课程教学模式设计与现状分析

（二）学生初步练习

学生在教师设置的教学情境中自主学习、自由练习,采用适合自己的方法熟悉动作,建立正确的概念和形象。在这个阶段,教师要提供基本的专业指导,并提供保护。

（三）创新性发挥,进一步练习

初步练习后,同学之间相互评论、总结,讨论自己在练习中采用了哪些方法和手段,哪些手段更适合自己,教师从增强学生体质的目的、因材施教的原则出发选出效果最好的练习方法和手段,指导学生联系个人经验、技术技能要点来进行创造性与突破性练习。

（四）技术教学

在科学与技术、技能教学过程中传播健康信息,培养学生的健康意识,并将人文关怀充分体现出来。

（五）单元教学

教师根据单元教学目标组织单元教学,一个单元由若干课时组成,合理安排每个单元的课时,注意各单元课时之间的紧密衔接以及单元之间的连贯衔接。

（六）结束单元教学

对本单元教学过程、教学结果进行总结,提出教学中存在的普遍性问题,提出解决策略,并对学生的学习效果进行评价,给出指导建议,为学生后面的学习提供参考。

建设体育教学模式体系离不开体育教师的参与,体育教学模式的实施效率和应用效果直接受体育教师的影响。因此,在体育教学模式体系建设中不能忽视对体育教师队伍的科学培养,要加强对体育师资队伍业务能力的培养,促进体育教师专业水平、道德品质和精神素养的提高,使其在体育教学过程中充分发挥自己的专业性,实现自我价值,提高教学质量。提高体育教师的业务能力,既要引导体育教师树立先进的教学理念,树立素质教育理念、创新教育理念,在科学理念下着手教学工作,提高教学的创新意义和效果,又要对体育教师进行专门的业务能力培养,丰富体育教师的教育理论知识和体育理论知识,提升体育教师的运动技能水平和教学技能水平,使体育教师熟练掌握并灵活运用各种体育教学模式,提高各种模式的应用效果,提升教学质量。

第三节　常见体育课程教学模式的设计与应用

一、传统体育教学模式

传统体育教学模式是在运动技能教育观的指导下从运动技能形成规律出发而设计体育教学程序的一种教学模式,也被称为"运动技能传授模式"。这种模式主要是通过学习运动技术达到掌握运动技能的目的。体育教师应先准确理解与深刻把握动作技术的特征及规律,然后给学生传授运动技能与方法,从而实现运动技能领域的教学目标。

体育教学中传统体育教学模式的操作程序如图5-5所示。

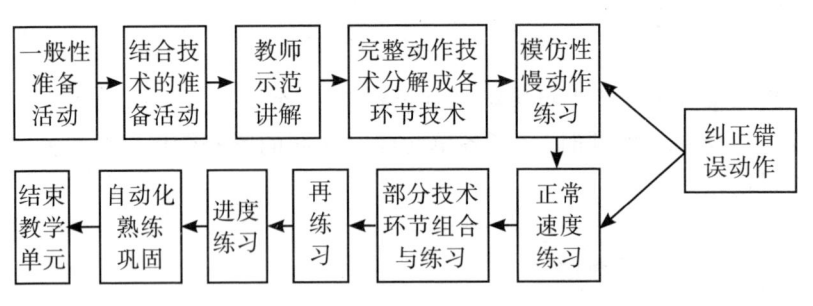

一般性准备活动 → 结合技术的准备活动 → 教师示范讲解 → 完整动作技术分解成各环节技术 → 模仿性慢动作练习 → 纠正错误动作 → 正常速度练习 → 部分技术环节组合与练习 → 再练习 → 进度练习 → 自动化熟练巩固 → 结束教学单元

图5-5　传统体育教学模式操作程序[①]

二、主动性体育教学模式

主动性体育教学模式是指体育教师在体育教学中创造条件,使学生充分发挥自主性,提高学生学习积极性的教学模式。

---

① 邵伟德.体育教学模式论[M].北京:北京体育大学出版社,2005:171.

第五章　体育课程教学模式设计与现状分析

运用主动性教学模式能够实事求是地培养学生的主体意识,培养与提高学生的学习主动性和自主学习能力。该模式对学生本身的学习自觉性和自学能力提出了一定的要求,如果学生自学能力差,不主动学习,则难以取得预期教学效果。

主动性教学模式在体育教学中运用的操作程序如图5-6所示。

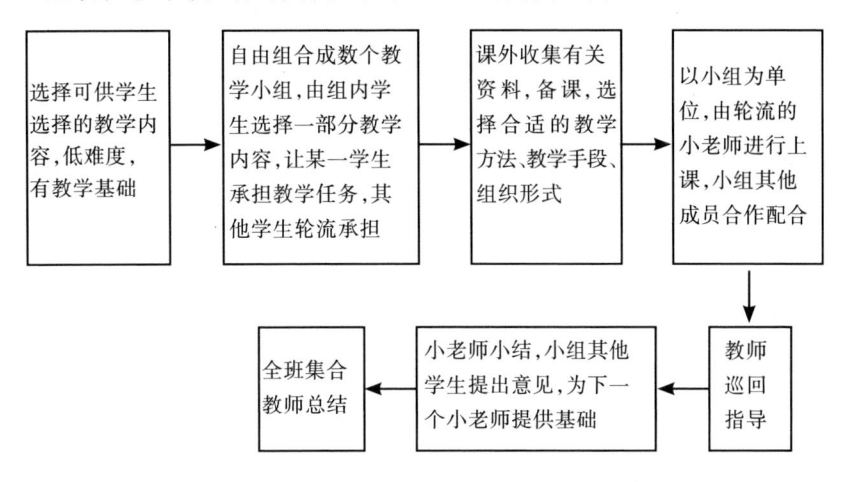

图5-6　主动性体育教学模式操作程序[①]

三、快乐体育教学模式

快乐体育教学模式是指在体育教学中以运动为基本手段,采用合适的教学方法增强学生体质,使学生获得快乐体验的教学模式。

快乐式教学模式有利于调动学生学习的积极性和主动性,能够在无运动技术要求的情况下增加练习时间,从而提高运动技能。该模式还注重感情因素和情感体验的发展,能够有效改进体育教学。采用快乐教学模式,要注意避免教学内容的单一和教学方法的单调重复,否则会影响学生的学习兴趣和积极性。

快乐体育教学模式的操作流程如图5-7所示。

---

① 邵伟德.体育教学模式论[M].北京:北京体育大学出版社,2005:172.

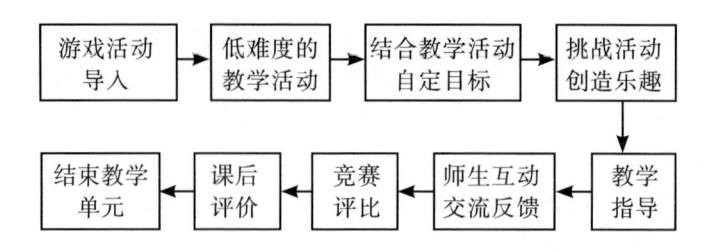

游戏活动导入 → 低难度的教学活动 → 结合教学活动自定目标 → 挑战活动创造乐趣

结束教学单元 ← 课后评价 ← 竞赛评比 ← 师生互动交流反馈 ← 教学指导

图 5-7　快乐体育教学模式操作程序①

四、启发式体育教学模式

启发式体育教学模式是围绕学生主体开展体育教学活动，以学生的积极主动性为基础，使学生积极思考与独立探究问题，发现并掌握知识，最后得出相关结论的一种教学模式。传统体育教学中注重"教法"的改革，忽视"学法"研究，启发式教学模式转变了思考问题的角度，跳出只研究教法的圈子，让学生参与教学，探索知识，以培养学生的探索精神和创新能力。

启发式体育教学模式的操作流程如图 5-8 所示。

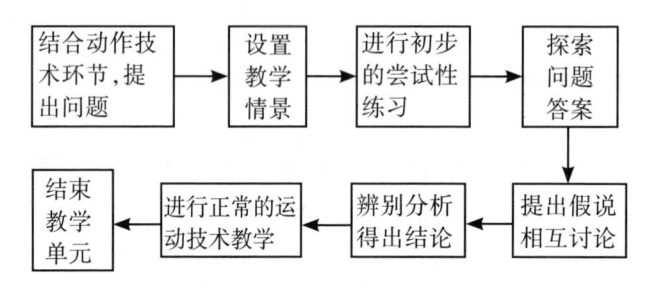

结合动作技术环节，提出问题 → 设置教学情景 → 进行初步的尝试性练习 → 探索问题答案

结束教学单元 ← 进行正常的运动技术教学 ← 辨别分析得出结论 ← 提出假说相互讨论

图 5-8　启发式体育教学模式操作程序②

五、项目驱动教学模式设计

项目驱动教学模式是基于建构主义理论基础而构建的"行为引导式的教学形式"，是师生选取某一实践性和操作性较强的知识和技能作为

---

① 吴烦.武汉市中小学体育教学模式的选用现状及发展对策研究[D].湖北大学，2016：157.
② 吴烦.武汉市中小学体育教学模式的选用现状及发展对策研究[D].湖北大学，2016：158.

第五章 体育课程教学模式设计与现状分析

完整实际项目内容,在教学过程中将项目分为衔接递进关系的各个子项目,以教师为主导、以学生为学习主体、以项目内容为核心载体,以培养学生自主学习和探究能力为目标,利用情境教学进行知识建构的一种教学模式。这种教学模式强调项目的现场性、知识的综合性和学生综合能力培养,在该模式中学生从被动接受知识转为主动获取知识,充分发挥想象力、执行力,运用所学技能、知识独立完成或在团队中协同完成学习任务。[①]

项目驱动教学模式的实施具体从以下几方面展开。

(1)选择项目。这是项目驱动教学模式的核心环节。师生以已经确定的教学目标、方案为依据,围绕项目这条主线而完成总项目设置及项目分解工作,每个子项目代表不同的知识模块,各个项目中都融入了要学习的内容。不管是总项目还是子项目,是预习项目还是复习项目,都可以对学习项目进行设置。在课程实施的不同阶段也都可以设置学习项目。师生选择项目要重点选择具有可行性、实用性以及趣味性的项目。

(2)设置问题情境。设置项目后,为了使学生对项目的理解与体会更深刻,师生可协同完成对学习情境的创设。例如,在跳高项目的教学中,如果学生对过杆动作不熟悉,教师可向学生播放跳高的比赛视频,或出示跳高过杆的素材图,在这个过程中提出问题,启发学生思考,并将学生分为若干学习小组,使小组成员相互讨论,合作探索问题的答案,以培养学生的思维能力、学习兴趣以及合作能力。

(3)探索与引导。在项目驱动教学中,教师负责引导,学生清楚项目任务后自主思考并探索,在学生自主学习和探索中,教师给予帮助和指导,并伺机提示,使学生完成对不同子项目知识框架及完整项目知识结构的构建。教师要监控好学生的学习过程,对学生给予必要的引导和有意义的指导,使学生建构的知识框架更有效。

(4)团队协作,修正项目。采用项目驱动教学模式,要注重引导学生进行小组协作,强调师生互动和学生之间的交流。例如,三四名学生为一组,各小组依据学习方案进行合作学习,在学习过程中共同讨论和分析问题,协同解决问题。

(5)多元评价。在项目驱动教学的最后,要采用多元化手段来评价学生的学习情况,要注重学生的自我评价与学生之间的互评,通过评价来肯定与激励学生,并解决学生的学习问题。在多元化评价中,学生设计项

---

① 曾晓梅.项目驱动教学模式在田径技术教学中的实践研究[D].江西师范大学,2015:48.

目的能力、在项目实施过程中的行为表现以及最终取得的项目成果是主要评价内容。

项目驱动教学模式的运用流程如图 5-9 所示。

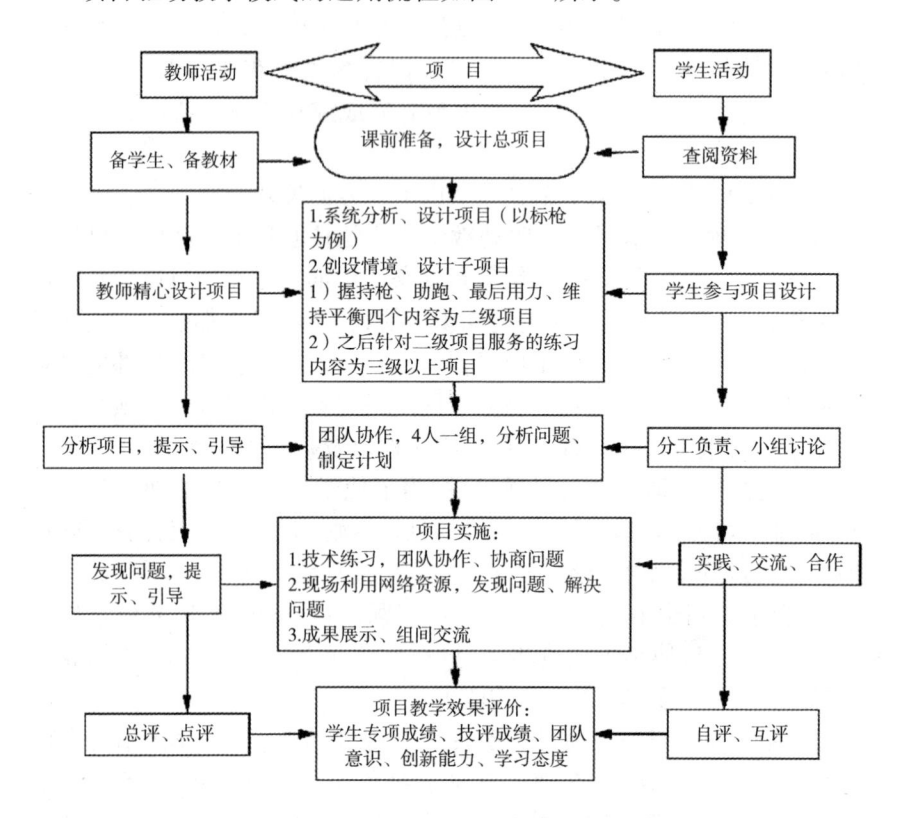

图 5-9 项目驱动教学模式操作流程图[1]

---

[1] 曾晓梅.项目驱动教学模式在田径技术教学中的实践研究[D].江西师范大学，2015：49.

第四节　当前学校体育课程教学模式的现状与反思

一、关于学校体育教学模式问题的反思

（一）理解方面存在模糊性

在体育教学模式的研究中发现很多人对体育教学模式缺乏正确而恰当的理解，有人认为体育教学模式和教学方法是一个意思，将两个相对独立的教学要素混淆而论，而且对体育教学模式的实施对象、主要内容、实施方法以及实施效果等缺乏明确的关系限定，导致无法从整体上准确理解和把握体育教学模式。

体育教学模式和体育教学方法实则不同，体育教学模式是由若干教学要素组合而成的独立而稳定的教学结构，包括指导思想、教学目标、操作程序、实现条件、教学评价等，其中实现条件指的是体育教学策略、方法和手段。可见，体育教学方法包含于教学模式中，是教学模式中非常活跃的一个组成要素，体育教学方法的设计与运用直接由教学模式的思想所制约，教学模式的实施又必须通过采用恰当的教学方法才能实现。

（二）开发方面缺乏系统性

从现有的体育教学研究成果来看，关于具体教学模式构建与改造的研究有很多，体育教育工作者在长期的教学实践中对大量有特点、有个性、有影响力的教学模式进行了研究，虽然经过长期的研究和实践检验而创造了大量成熟的教学模式，但总体上对体育教学模式还缺乏系统的、整体的研究，并且在研究过程中存在研究过于抽象、缺乏合理简化处理以及实验设计精确性不足等问题。

（三）应用方面缺乏创造性

科学的体育教学模式为体育课堂教学提供了相对稳定的组织结构和

简略的实施框架,为有机组合教学要素提供了参考。但体育教学是动态变化的,是生动形象的,是充满不确定性的,兼科学性、艺术性、创造性于一体的体育教学活动,不能只是原封不动地照搬固有模式去实施,而应该在基本按照教学模式去实施教学活动的同时,根据实际教学情况进行相应的调适,以适应教学现状,满足教学需要。

从我国高校体育教学实践来看,教学中采用了大量的国外教学模式,虽然促进了教学理念的更新、教学内容的丰富以及教学水平的提高,但有时忽略我国高校体育教学现状而盲目引进外来模式,或直接照搬外来模式而不作任何调整与创新,导致因与我国高校教学现状不符而无法顺利操作,也难以普及推广,从而制约了教学效果。

二、立足现状,重构学校体育教学模式

(一)精选教材和体育项目

体育教学应立足于培养体育文化素养与终身体育行为能力的教育需要,重视学生的成长和体育建设的社会性、时代性,充分考虑学生兴趣和习惯的培养,结合体育基础理论知识教育,建立以健身为主要内容的教学体系。要尽可能从健体休闲的角度考虑,多选择难度不大、易于开展、适合学生长期锻炼并使之终身受益的运动项目,以提高学生参加体育活动的兴趣,充分发挥学生主观能动性。

(二)采取灵活多样的教学形式

学生对体育知识的掌握及基本技术和技能的提高是一个自然发展的过程。在体育教学中要真正地将受教对象视为主体。根据学生不同的身体素质、运动水平、兴趣爱好、体育特长等诸方面存在的差异,结合学生的实际,让学生根据自身特点、实际需要和兴趣选择项目。对不同的群体采用不同的教材教法。另外,除以单项分类的教学形式以外,仍应保留综合类的体育教学形式,以满足部分无专项爱好学生的锻炼需要。

在教学中要注意为学生营造宽松的教育情境和学习氛围。要注意教学形式的多样性以及教学方法的灵活性,充分调动学生学习的积极性和主动性,增进学生对体育教学的心理认同感。

第五章　体育课程教学模式设计与现状分析

（三）构建新的教学考评体系

考评不仅是一种评价方法，还是一个激励因素。体育教学考评应在正视体育文化的价值、不同学生身体和运动基础的差异、终身体育行为所需要的体育素养和自主能力的基础上，将体育理论考评重心转向体育思想、认识和体育科学基础与文化素养的考评；将运动考评重心转向对教学项目的技术原理、运动价值、动作效用的知识水平和体育综合能力的考评。

另外，还可以通过建立"学生体质测评中心"，规定每名学生在毕业前必须拿到体质测评证书。学校以学生的体质测评证书为依据评价学生体质发展水平。只有这样，教学考评才能充分发挥它在体育教学中的指导作用，才能使学生真正理解体育以及体育对生命的意义与价值，并促进体育教学目标的实现。

（四）大力开发和重视隐性课程

在学校体育发展中，有的学生主要在体育课堂上获益，有的学生主要在课外体育活动中获益，我们在加强课堂教学改革的同时，应重新定位课外体育活动的价值和功能，把课外活动纳入课程范畴加以重视，在课外多开发一些隐性课程，潜移默化地培养学生的体育综合素养和健康素质。

三、现代教育技术下体育课程教学模式的构建与创新

（一）现代教育技术对体育教学模式的影响

鉴于我国体育教学模式的现状与问题，应进一步加大科研力度，从我国体育教学现状出发而对适应我国体育教育特征与规律的教学模式进行创造性的研究，并在信息化背景下将现代教育技术融入体育教学模式的建构与操作中，这将产生如下积极影响。

1. 改变教师的刻板印象

一些体育教师简单地认为，体育教学就是教师带领学生反复进行身体练习的过程,体育教学的场所应该是在室外,体育教学应该以实践为主,体现与其他学科的不同,突出体育教学本身的实践性。这其实是体育教师对体育教学的刻板印象,也反映了部分体育教师观念比较传统、落后。在传统观念下,体育教师在体育课上只是不断讲解技术动作,示范动作,带领学生反复练习,而关于理论方面的内容,则很少提及。学生通过反复练习虽然熟练掌握了某个运动项目的技术动作,但对该项目最基本的理论常识都不清楚,显得有些"四肢发达、头脑简单",知其然而不知其所以然。

现代教育技术在体育教学中的运用有助于改变体育教师对体育教学的刻板印象和传统观念,使教师逐步重视传授体育理论知识,做到理论与实践并重,全面提升学生的体育素养。体育教师改变重实践轻理论的做法,将理论知识的传授融入实践教学中,能够使学生深刻认识体育课的重要性,能够培养学生的终身体育意识、参与运动的积极性,这对提高体育教学效果具有重要意义。

2. 丰富教学内容

在传统体育教学模式下,体育教学内容比较单一,体育教学方法也比较单调,多为练习法、竞赛法等。在体育教学中引进现代教育技术,使教学工具更加先进,教学内容丰富有趣,教学方式多样灵活,有效提高了体育课堂教学的趣味性和教学效果。

例如,借助互联网技术而筛选一些与教学内容相关的图片、视频、音频等教学资料,使学生通过听、看而对所学内容有更全面的了解,促进学生学习兴趣的提升。现代教育技术与传统教学模式是互补的,现代教育技术对传统教学模式缺陷的弥补主要表现在促进了教学内容的丰富、教学形式的灵活、学生学习兴趣的提升,这些最终对教学效果的改善具有重要作用。

利用现代教育技术可以将健康知识、运动卫生知识、运动保健知识等体育教学内容相关知识整合起来,或进行穿插教学,或进行专题教学,从而促进教学内容的丰富和拓展,促进学生健康观念和自我保健意识的提升。

3. 改变课堂角色

现代教育技术在体育教学模式中的融入改变了体育教师与学生的传统角色,使体育教师从教学内容的传递者转变为教学内容的设置者和教学活动的引导者,使学生从被动接受者转变为主动学习者,强调学生的主体地位和教师的引导作用,师生传统课堂角色的转变是体育素质教育和体育信息化教学的要求。

(二)现代教育技术与体育教学模式的融合

1.利用校园网络为体育教学服务

随着计算机技术的发展和学校教育的不断改革,学校的现代教育技术日渐丰富,尤其是高校,很多高校的计算机网络中心逐渐建立和完善,计算机基础课程基本全面开设,有的高校还设置了多媒体技术、网络教学等有关现代教育技术的选修课程,从技术层面保障大学生顺利进行计算机学习和实践操作。学校不断完善的多媒体教室、网络机房等信息化硬件环境为现代教育技术在教育教学中的运用提供了良好的操作平台和环境氛围。利用学校丰富的计算机网络资源能够为信息化体育教学的开展提供支持与保障。

例如,利用校园网络资源和计算机硬件设施进行体育网站、论坛的建立,在校园网中增加体育板块,将体育热点新闻、风云人物、学校体育信息和体育常识等内容及时发布,使学生快速了解体育信息,了解学校的体育事件。此外,在体育板块中可以设置留言功能,便于体育爱好者在此交流、互动,也便于收集意见或建议,为改善体育教学提供参考。

另外,现阶段各大高校纷纷实行网上选课模式,学生利用校园网选择自己感兴趣的运动项目,这方便教师了解学生的体育兴趣和爱好,也便于学校开设能够满足学生兴趣爱好的体育课程。

2.将现代教育技术运用到体育理论教学中

学生学习体育课程,不仅要学习和掌握运动技能,还应该对体育知识、体育文化加以学习,树立体育精神,形成终身体育意识,这是体育教育的基本目标。随着体育地位的提升和我国体育事业的不断发展,体育成为我国综合国力的重要组成部分,在体育强国建设中,我国号召人民群众主动认识和了解体育,积极参与体育。在这一社会背景下,学校应重视体育理论教学,提升学生的体育理论素养。

传统体育教学模式存在轻理论重实践的弊端,教师讲解的理论知识主要集中在运动项目概况、项目规则等方面,讲解方式简单枯燥,限制了学生对体育理论的深入理解,也阻碍了学生用正确的理论去指导实践。对此,应在体育理论教学中充分运用现代教育技术,利用网络的优势和功能对体育理论方面的知识和信息进行收集,并配以图像、动画、视频等方式传授体育知识,刺激学生的感官,激发学生的兴趣。

利用现代教育技术进行体育理论教学时,要注意在播放音频或视频、展示图片等信息化教学资源的基础上组织学生现场互动、讨论,设置问题,启发学生思考,使学生更好地理解现代教学手段中传播的理论知识,更好地接收与消化体育知识与信息。体育教师如果只是单纯播放音、视频,展示图片,简单讲解,而不组织学生讨论,那么学生接收的信息在大脑中保存的时间比较短,容易遗忘。

3. 将现代教育技术运用到体育实践教学中

体育实践教学以体能、技能教学为主,尤其是以运动技术教学为主,体育教学目标的达成情况和体育教学的最终效果很大程度上是由技术技能教学结果所决定的。传统体育实践教学中,经验式教学占的比重很大,主要模式是教师教、学生学,教师示范每个动作,学生观察,然后机械性地模仿,而对于每个技术动作为何这么做,如何提高标准度则缺乏基本的思考,导致学生错误地认为上体育课就是纯粹的身体活动,不需要脑力付出。而将现代教育技术运用到体育实践教学中,利用计算机语言编程、图像处理等技术和功能来动态化地呈现完整的技术动作,并辅以声音讲解、文字解说,图、声、文并茂,以提高教学效果。

在体育实践教学中使用现代教育技术,能够将整个动作过程直观生动地展现出来,在播放到重难点动作环节时可暂停,着重进行分析,使学生对重难点技术动作有深刻的理解和充分的把握。利用现代教育技术进行教学也能打破沉闷的课堂气氛,营造愉悦欢快的教学氛围。

4. 制作体育教学课件

利用现代教育技术进行体育教学课件的制作,这对体育教师的教学功底、信息化素养是很大的考验,如果能够设计出高质量的多媒体教学课件,将会很好地突破传统教学模式的束缚,将新课件的功能充分发挥出来。

体育教师利用现代教育技术进行体育教学课件制作时,要基于对体育教学目的、教学需要和学生的需求的综合考虑而选择合适的教学素材，合理编辑文字、图片、录像等资源，注重对版式、背景的合理设计。计算机教学课件涉及的知识和内容与传统教学课件相对来说更加丰富、全面，但也相对复杂一些，对学生的教育更全面一些。

在体育教学课件制作中运用多媒体手段，能够使学生对课堂教学内容产生兴趣和好奇心，产生探索的热情和积极性，从而主动投入学习，配合教师，教学效果甚好。

5. 加强体育师资建设

在现代教育技术下进行体育教学，虽然现代教育技术发挥了举足轻重的作用，学生的主体能力和主观能动性也得到了很大程度的发挥，但体育教师的主导作用依然很重要，不能忽视。在现代教育技术与体育教学模式的融合中，要加强对体育教师专业素养的培养，特别是要培养体育教师的信息化素养，并以培养信息化教学能力为主。除了培养体育教师对现代教育技术的认知能力、操作能力外，还要利用现代教育技术转变体育教师的传统教学理念，结合时代背景和体育教学的信息化发展趋势对体育教师进行再教育，使体育教师适应高校体育教学的改革发展现状，满足高等教育的发展需求，不断提升和完善自己，实现更好的专业化发展。

（三）信息化体育教学模式构建的典型分析——"示范→讲解→练习→评价"模式

1. 传统教学模式——"示范→讲解→练习"的信息化

体育教学以技术技能教学为主要内容，体育实践课中的主要教学模式往往是适用于技能教学的教学模式。在体育实践教学中，常用的教学模式是"示范→讲解→练习"这一传统模式，这一模式的有效性已经在实践中得到了证明。它虽然是比较传统的体育教学模式，但在现代教育技术背景下依然常常被运用于体育技能教学中，依然是信息技术与体育课程整合之下的主要教学模式之一，其地位依然不可动摇，备受重视。

传统的"示范→讲解→练习"教学模式之所以在信息化体育教学中依然被"重用"，主要是因为该模式与运动技能形成规律、体育教学一般规律相符，与大学生的认知特征、身心发育特征相符，但在信息技术与体育课程融合的背景下继续使用这种教学模式,需要将它的操作环节信息化。

用传统的"示范→讲解→练习"教学模式进行运动技能教学时,教师将运动技能展示给学生的主要途径有亲身示范、媒体工具(视频、图片等)示范等,在这个过程中,学生用自己的感官接收信息,然后将信息输入第二信号系统进行加工,以促进运动表象的形成,学生在初步形成的运动表象的指挥下进行模仿练习。这时学生在模仿中产生的本体感觉并不是正确动作的本体感觉,而其对正确动作的本体感觉应该是什么样子却并不清楚。

学生进行模仿练习时,教师在旁边密切观察,不断指导、帮助,因为学生根据自己初步形成的表象对动作形成的理解比较片面,甚至有偏差、错误,所以教师要提供辅导、及时纠正。教师的指导与帮助主要体现在语言提示、反复示范、辅助练习等方面,通过及时有效的辅导,学生能够逐渐清楚正确动作的本体感觉应该是什么样的,然后在反复练习中将正确动作熟练掌握,这时其才真正形成了关于运动技能的正确的本体感觉。如果没有教师的辅导,学生只能学到皮毛,对动作要领很难真正掌握。

上述分析表明,教师正确的示范是学生对动作要领予以掌握的关键,这对教师的技术水平和示范能力提出了很高的要求,一旦示范不够准确,又没有采取其他展示动作的手段,学生便难以准确掌握动作要领。因此,运用多媒体技术展示动作的方法越来越受重视,教师的示范由多媒体手段替代,有助于促进信息技术与体育课程的进一步整合。通过多媒体技术展示动作有利于学生建立正确的动作表象,但这也只是学生掌握运动技能的基础,运动技能形成规律要求学生要对正确动作具有良好的本体感觉,良好的本体感觉是体育教师进行经验教学的基础,教师的经验就体现于此。

目前,计算机技术还无法完全取代教师,教师的教学功能中有一部分能够被计算机替代,但还有很多无法用语言准确描述的能力是不可替代的,比如教师的示范、指导能够使学生对正确动作形成良好的本体感觉,而运用计算机手段难以使学生自主构建本体感觉。这主要涉及以下两方面的问题。

第一,采集信息的问题。采集人的本体感觉主要有接触采集和无接触采集两大技术,前者在一些简单的动作中比较适用,但会对运动造成妨碍,而且有的技术是比较危险的,可能引起被采集者的生理问题。后者需要采用间接推算的方法来估计信息,缺乏准确性,而且不够实用。

第二,效应器的问题。这其实就是计算机处理结果用什么方式作用

第五章　体育课程教学模式设计与现状分析

到人体的问题。

以上两个问题表明在信息技术与体育课程的融合中,通过信息技术的帮助使学生自主构建本体感觉有一定的难度,这也是在现代教育技术下进行体育教学必须解决的一个主要问题。

2. 信息化的"示范→讲解→练习→评价"教学模式

通过分析传统教学模式"示范→讲解→练习"的信息化,可以沿着这个思路对信息化的"示范→讲解→练习→评价"教学模式进行构建与设计,该信息化教学模式同样是体育运动技能教学的主要模式。新模式的结构模型如图 5-10 所示。

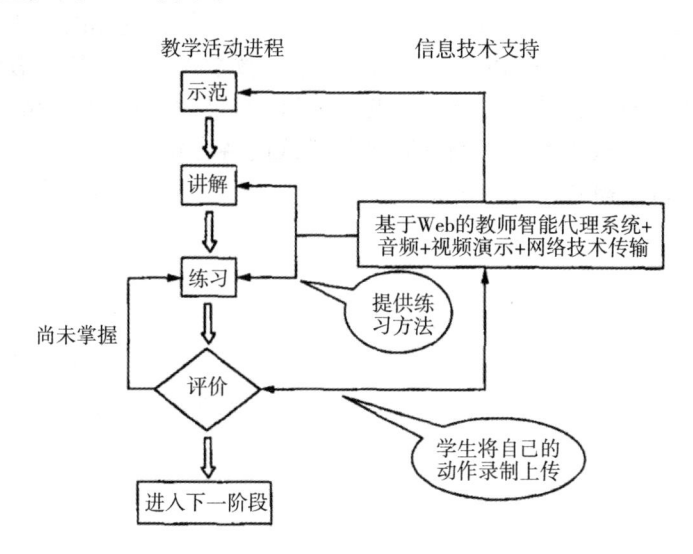

图 5-10　"示范→讲解→练习→评价"模式的结构模型[①]

将信息化教学新模式运用到体育教学中,主要有以下两种情况。

(1)学生在教师的辅导下学习(有教师)

有教师的情况下,教师的主要作用是在学生学习时提供帮助和辅导。例如,及时指出学生的错误,帮助纠正,对学生的练习方式、进度进行调整等。有教师的辅导和帮助,学生能够顺利掌握技术动作。

和传统教学模式相比,新的教学模式下教师省去了讲解、示范的环节和时间,而在帮助和辅导上付出更多,学生可以根据自己的情况来安排练

---

① 阿英嘎.信息技术与体育教育专业课程整合[M].南京:南京师范大学出版社,2010:45.

习节奏,而不完全由教师控制。

(2)学生自学(没有教师)

基于 Web 构建教师智能代理系统,了解学生的学习需求,利用现代教育技术,以科技化的手段将学生将要学习的技术动作示范呈现出来,完整呈现技术动作后,同样以多媒体工具进行讲解,对学生没有看清的动作可再次慢速播放。

若在学生开始学习前,系统已经获取了关于学生已经掌握的知识和技能的相关信息,则系统会有选择性地进行关键动作要领的讲解,并结合学生的学习基础、学校的教学条件为学生设计、提供适宜的练习方法,学生根据系统给出的方法练习一段时间后,向系统输入自己的技术动作录像,系统自动作出评价,若系统评价结果为学生动作错误或掌握不充分,系统将继续给出适宜的练习方法或给出纠正学生错误动作的方法。

信息化的"示范→讲解→练习→评价"教学模式是在传统教学模式的基础上进行信息化加工和"升级改造"的结果,按照这种思路,我们可以继续探索现代教育技术与体育教学模式的融合路径,尝试对更多的信息化体育教学模式进行构建。

第六章　新时期体育课程教学模式的改革与创新

随着健康第一、素质教育等科学教育理念的不断完善及其在体育课程教学中的全面渗透，逐渐形成了"抓住课堂，丰富课外，朋辈促进，文化传承"的新型体育工作机制，其为体育课程教学模式的改革与创新提供了正确的指引，在优化体育课堂教学模式、实施课内外一体化教学模式以及传承传统体育文化方面发挥着重要作用。本章基于"抓住课堂，丰富课外，朋辈促进，文化传承"的科学机制探讨新时期体育课程教学模式的改革与创新。

第一节　抓住课堂——推动体育课堂教学模式的优化与改革

体育课程教学的第一阵地是课堂教学，我们要善于抓住课堂，打造有效的、高效的体育课堂，利用好课堂上的每一分钟，让课堂教学充满活力与趣味，让学生在有限的课堂时间内收获快乐，达到课堂目标。传统体育课堂教学有一定的弊端，课堂效率较差，课堂效果也大打折扣，对此必须加强改革与优化，充分发挥课堂教学的作用，使学生学有所获。

一、改革传统体育课堂教学模式的必要性

在应试教育时期,传统课堂教学模式所发挥的作用是毋庸置疑的。但在新时期,随着社会环境的不断变化和教育改革的日益深化,传统课堂教学模式的缺点逐渐暴露,亟须改革。青少年学生活泼好动,有着强烈的好奇心和敏捷的思维,喜欢一些有挑战性的事物,对新事物的兴趣浓厚,但兴趣多变,有时不能坚持做一件事,缺乏持之以恒的态度和意志力,这是青少年的普遍心理特征。一些学生对体育课本身是感兴趣的,但如果在课堂上被教师过多约束和限制,就会失去上体育课的兴趣。传统体育课堂教学模式中确实存在一些条条框框,这对体育教师创造力的发挥和学生主观能动性的发挥都造成了一定的限制,也导致体育课堂教学的组织实施整体比较单调,缺乏活力,不利于培养学生的学习兴趣,也限制了学生的个性发展。对此,必须加快改革传统体育课堂教学模式,尤其是随着素质教育、个性教育、全面育人等教育理念的不断渗透,对学生兴趣、特长和综合素质的培养越来越受重视,这就需要改革传统课堂教学模式,改变传统的灌输式教学方式,对学生多一些引导,少一些说教,向学生传授适合他们的学习方法和运动方式,使每个学生都能充分发挥自己的特长与个性,能在有限的课堂时间内有所收获,得到锻炼、提升和成长。改革传统体育课堂教学模式,除了要改变传统的身体锻炼和教育方式,还要融入心理教育,将身心教育合为一体,对学生良好的道德品质进行培养,使学生成为有思想、有个性、有情感、有意志的人,能够自主学习,不断提升自己。

对传统体育课堂教学模式的改革与优化是促进体育课堂教学效率和质量提升的关键。在传统课堂教学模式的改革中,要采取恰当的方式将之前的一些限制性条件转化为对课堂教学有利的条件,尽可能走出条条框框的束缚,解放思想、拓展思维,大胆探索和创新。突破条条框框的约束并不意味着让学生毫无组织性、纪律性、目的性地"疯玩",基本的课堂纪律是不可缺少的,应在遵守基本课堂教学管理条例的基础上适当为学生提供更多的空间,并通过丰富教学内容、创新教学方法来调动学生的学习热情,营造良好的课堂氛围,促进课堂教学效率的提升。

二、传统体育课堂教学模式的改革建议

（一）依据体育课堂教学的特点进行教学

在体育课堂教学的组织过程中，教材作为桥梁和中介，将教师与学生联系起来，师生互动大都围绕教材展开，师生与教材之间相互作用，从而形成了特定的课堂教学形态，也使课堂教学呈动态化的统一性。在动态变化的体育课堂教学中，体育教师为完成教学任务、实现教学目标而有目的地选用一些课堂组织方式和教学方法，根据教材施教，学生按教师的节奏井然有序地学习。但体育教学的独特之处在于它没有特定的方法，任何教学组织形式、教学方法都会发生变化，它们的变化主要是随着教学对象、教学内容等教学因素的变化而变化的。因此，要根据体育课堂教学的具体特点进行相应的教学，并接受课堂架构的多元化，对课堂结构的安排要系统化、合理化，要以课程类型、教学内容、教学组织形式以及学生实际情况为依据来不断调整与优化课堂结构。体育教师要灵活安排课堂结构，并能根据课堂教学任务和教学目标去充分发挥不同课堂结构的优势与作用，对课堂上的教学内容、教学方法都要做到心中有数，无论是安排教学内容还是选用教学方法，都要为实现优质的体育课堂教学服务。

（二）实施健身体育教育教学模式

健身体育教育教学模式注重学生对体育活动的自主参与和积极参与，注重对学生运动兴趣、运动意识及终身体育习惯的培养。该模式的基本观点是，引导学生参与体育运动，使学生保持对体育运动的兴趣，端正学生的运动态度，对能够促进学生身心健康、培养学生综合素质的体育活动进行探索，通过参与活动增强学生体质，促进学生健康成长。

在健身体育教育教学模式的操作过程中，要将体育活动的边界确定下来，也就是指定的活动区域和实际界限，并明确各项活动的规则或要求，这样才能保证课堂秩序不混乱，才能确保学生的课堂行为更加规范。明确规则、要求和边界是体育课堂教学管理的重点，这样可以减少管理的时间成本，将更多的时间用于指导学生参加体育活动上，从而促进学生身体素质的发展和运动能力的提升，培养学生的健康体魄和健康心理，让学

生既遵守规则,也能享受运动的乐趣。

（三）合理利用竞技体育教育教学模式

竞技体育的教育教学模式相对来说是高标准、严要求的。将该模式引入体育课堂中,与传统教学模式最大的不同在于课堂评价:既要从技术层面评价学生的表现,又要对学生的课堂认知、学习态度及裁判意识进行培养。在体育课堂教学中构建竞技体育教育教学模式,强调运动技能的培养与提升,并注重培养学生的专项身体素质,即为掌握某项运动技能而必须具备的运动素质。此外,该模式还注重对学生实践能力的培养,使学生将课堂上掌握的运动技术技能运用到比赛中,取得优异的成绩。不仅如此,竞技体育教育教学模式还提出要培养学生的裁判意识与基本执裁能力,要求学生掌握裁判知识与规则,能够在比赛中学有所用。

（四）引进翻转课堂教学模式

翻转课堂一般被理解为课前、课堂学习任务和教学状态的改变,课前从自由安排时间转变为自主学习教学内容,课堂从教师讲授转变为学生讨论、分享观点和师生共同总结。在传统体育课堂教学模式的改革中,翻转课堂教学模式作为一个比较成熟的创新性模式能够充分发挥示范作用。

1. 翻转课堂的意义

翻转课堂对于学习者知识的掌握和教师能力的提升都有较大的影响力,具体意义体现在以下几个方面。

（1）提升课堂时间价值

在翻转课堂学习过程中,学生在课下跟随教师讲课视频学习,记录笔记,不理解的部分反复听,还可以借助补充资料查缺补漏、拓展学习内容。所以,学生在进入课堂前已经基本掌握了课程内容,对于自己在课程视频中未听懂的地方了然于心,课堂提问、回答问题和研讨,也更加有的放矢,课堂中比较注重解决课程中的疑难问题、巩固课程知识。或者加强课程知识的应用,课堂效率大幅提升。

第六章　新时期体育课程教学模式的改革与创新

（2）实现个性化学习

在翻转课堂中，学生的主体地位再次被强调，学生在学习过程中学习进度基本由自己掌控，自己安排学习节奏，整体比较轻松自在，不需要像在传统集体课堂教学中那样担心没有听清某个内容而时刻高度紧绷神经。在翻转课堂教学中，学生的学习时间、空间都比较自由，没有统一的要求和严格的限制，不管在家里还是在宿舍，或者在自习室，都可以进行线上学习，学习环境比较自在，学习状态较为轻松。在线上学习中，学生可以自己控制音量、调整播放倍速，或者拖拉进度条，可以根据自己的学习情况直接跳过一些已经滚瓜烂熟的知识，同时也要反复听、看比较复杂的学习内容，在关键地方按暂停键，暂停后利用这个时间做好笔记，认真思考，或查找资料来帮助自己理解和消化知识，在这个过程中，学生是主动建构知识的主体，能够获得更多的知识收获。

此外，在翻转课堂教学中，学生主动提问的意识更强，积极性更高，可以向教师提问，也可以与同学讨论、交流，这样愉悦的氛围能够使学生作为学习主体真正参与到教学活动中，从而提高教学的有效性，真正解决学生的问题。

（3）使学习中的互动更频繁

课堂互动频繁是翻转课堂教学最主要的特点之一，也是其得以发展的一大优势，频繁的互动在师生之间和生生之间都能体现出来。

在翻转课堂教学中，教师摆脱了传统课堂教学模式中作为讲授者和灌输者的角色，而是作为学生学习的指导者发挥指导作用，这样一来，教师就不必花大量的时间去讲授教学内容，而可以将主要精力放在与学生的互动上，为学生答疑解惑，解决他们学习中的问题。学生小组在合作学习中也需要教师参与互动，对小组学习进行指导。为提高课堂指导效率，教师可以记录不同学生提出的问题，对于普遍性的问题，可以集中解答，对于个别性的问题，以个别指导为主，或者组织小组学习互助活动，让学习水平较高的学生为学习进度较慢的学生解答疑惑，这样可以促进同学之间的互动和交流，建立深厚的同学友谊，使课堂氛围更融洽。另外，教师也可以开设小型讲座来专门为有相同疑惑的学生答疑，帮助学生尽早解决问题，开始下一步的学习。

此外，教师用更多的时间为学生答疑解惑时，也能在课堂上对学生之间的沟通、交流、小组学习过程进行观察。学习小组的划分是教师精心安排的，或者是学生自愿组成的，学习小组的学习氛围是非常活跃、融洽的，既有平等的交流，也有激烈的争论，教师通过观察便能发现这种学习方式对学生来说何其重要，对提高课堂教学效果来说何其有效，这样教师便会对学生充满信心。

当学生意识到自己作为学习主体的角色和地位被教师重视,而且学习小组的合作学习成效得到教师的认可时,便会深刻地察觉到教师已不再是原来下达指令、灌输知识的"喂食者",而是引导他们学习的重要人物,是不可缺少的指导者。教师为学生答疑解惑时,用平和的语气和民主的方式,使学生感到平等、亲切,这样学生便能丢掉刻板印象,积极主动地询问教师,与教师探讨问题,甚至对教师的解答提出合理质疑,师生在融洽的氛围中保持互动,解决学习上的问题,能够更好地促进学习任务的完成和学习目标的实现。而且学生不会认为完成学习任务是一个艰难的过程,反而会因与教师、同学的互动而感到轻松,从这个角度来看,翻转课堂教学过程显得更有意义,无论对教师还是对学生都是很难忘的。

(4)提升教师的业务能力

翻转课堂教学对提升教师的业务能力具有重要意义,具体体现在以下几个方面。

第一,为了更好地开展翻转课堂教学,课程组教师要集体备课,集体完成教学过程的设计,尤其是要设计好教学内容,录制课程视频,在这个过程中课程组的教师可以相互学习,相互交流经验,提高翻转课堂教学设计能力。

第二,教师要以学生为中心完成学案的编写,这有助于促进教师教学理念的更新和学案编写能力的提升。

第三,教师对翻转课堂教学的设计需要具备知识重构的能力,同时还要提升信息化素养,从而基于单元知识点去制作直观生动、准确精练的教学视频。

第四,在翻转课堂教学中,教师作为指导者和引导者要具备良好的实践指导能力和课堂管理能力,随着翻转课堂教学的实施与深入,教师这些方面的能力也能得到相应的提升。

2. 体育课堂上采用翻转课堂教学模式的注意事项

(1)营造体育教学信息化环境

在翻转课堂的模式下,学生成为学习的主体,就会使学生需要在网络的帮助下进行各种教学资源的学习和利用。所以,对于体育教师来说,应该充分利用信息化环境,更好地帮助学生进行学习。比如,学校应该加强全校的网络覆盖,打造适合学生进行翻转课堂学习的环境,对于体育教师而言可以选择录制教学视频,给学生提供合适的学习教具。在学校和教师的相互努力下,为学生营造体育教学信息化环境,提高学生的学习效率。

(2)注意翻转课堂中体育教学安全防护

体育课程往往离不开学生的身体运动,在课堂中学生的身体往往由于超过负荷而导致意外。翻转课堂模式下的体育教学以学生自主学习探究为主,教师起到辅助和从旁引导的作用。在这样的学习模式中,已经改变了教师讲解示范,学生机械性模仿的教学方式了。所以,在学生的安全问题上,教师更要加以注意。与此同时,要充分发挥教师的引导作用,在教学的过程中注意提醒学生规避各种可能导致危险的行为,强调安全防护的重要性,避免意外的发生。

第二节　朋辈促进——构建小组合作教学模式

朋辈指的是年龄接近、具有相同背景或有共同兴趣爱好的人,大多以非正式群体的形式存在。朋辈促进指的是具有相同背景或者具有共同兴趣爱好的人分享经验、知识、观念或者技能,从而实现优势互补,共同成长。朋辈促进的平等、互助等特点有助于调动学生的学习积极性,将朋辈促进理念引入体育教学中,建立小组合作教学模式,对促进学生共同成长与进步具有重要意义。

一、合作教学在体育教学中的意义

合作教学模式是将学生分成若干小组,让学生以合作的方式共同完成学习任务。在教师的指导下,大家共同讨论问题,相互学习和帮助,最终达到共同掌握学习内容的目的,实现教学目标。合作教学采用分组学习的方法,具有互动性,充分调动学生自主学习的积极性,培养学生的合作意识。合作教学模式对体育教学具有重要意义,通过这种具有实效性的教学,可以让学生在学习过程中形成合作精神和竞争意识,激发学生的热情,培养学生的自主学习能力、团结协作能力。

合作教学在体育教学中的意义主要体现在对学生的培养上,具体表现在以下几个方面。

（一）培养团队精神

团队精神与合作意识是人们必备的一种素质,体育教学中建立合作教学模式,可以使学生通过合作的学习方式形成团队精神与合作意识。

（二）激发创新精神

合作学习要求发挥集体的智慧来共同完成学习任务。学生在学习过程中充分发挥自己的优点和特长,并与小组其他成员相互交流,优势互补,整合集体智慧,能够提高解决问题的效率。学生在运用智慧解决问题的过程中创造力得到了激发,创新精神得到了强化。

（三）激发学习热情

学生自主学习是合作教学模式的关键,它强调学生的主动性。教师在体育教学中通过引导能够帮助学生找到学习的乐趣,使学生在合作中感受集体的力量,在相互激励中迸发学习的热情,在共同完成任务后享受收获成果的喜悦。

（四）提高解决问题的能力

在小组合作学习中,学生通过相互交流表达自己的观点,大家探讨不同观点,寻找解决疑难问题的办法。在不断交流的过程中,学生对问题的理解更加全面深刻。合作学习让学生在相互交流中提升了解决问题的能力,也提升了人际交往的能力。

二、体育教学中合作教学模式的构建与实施

合作教学模式能够有效激发学生的学习热情,使学生积极投入到学习中来,在玩与学的过程中提升自己的素质。要想达到这种理想的教学效果,在具体实践过程中应该按如下方式构建与实施合作教学模式。

第六章　新时期体育课程教学模式的改革与创新

(一)精心准备教学内容

并不是所有的体育教学内容都适合运用合作教学模式,教师要根据教学内容进行甄选,并根据学生的身体素质差异进行精心准备。通过合作学习激发学生的学习热情,调动学生学习的积极性,使不同水平的学生都能参与集体活动,充分发挥合作教学模式的作用,促进每个学生的进步。

(二)合理分配学习小组

按照"组间同质、组内异质"的原则分配学习小组,使各小组之间保持平衡,每个小组内形成一种互相信赖的和谐关系。分组时,通常以小规模为主,每组成员5人左右。在合作学习时,每个成员都有自己的任务和责任,充分激发学生的积极性和责任感,让他们发挥自己的优势,与其他学生协同完成小组学习任务。

(三)引导学生自主学习

在体育教学中教师要尊重学生,以学生为主体,鼓励学生发挥能动性,尽量减少干预,以免让学生产生被过分约束的感觉,影响学生的学习兴趣和积极性。在合作教学中,教师主要发挥引导的作用,尊重每个学生,师生之间形成民主、平等的和谐关系,教师为学生提供更多的自主学习空间和时间,让学生独立思考,培养学生的自主学习能力和团队协作精神。

(四)及时评价学习成果

及时评价学生的学习成果主要是充分肯定学生的能力,评价方式主要采用学习效果展示和信息反馈两种。具体可通过让各小组学生集体完成技术动作来评价小组学习成果,也可以通过小组比赛来检测学生的学习成果。教师的评价不能只用等级词语模糊概括,而要综合考虑各小组完成质量、配合程度等,全面客观地进行评价。

第三节　丰富课外——创建丰富多彩的课外体育教学模式

一、体育课内外一体化教学模式

（一）体育课内外一体化教学模式的含义

体育课内外一体化教学模式是以体育课堂教学为主渠道,充分发挥课外体育活动辅助功能的学校体育教育方式。在体育课中,体育教师有组织、有计划地引导学生,教会学生体育锻炼和保健的方法,使学生掌握运动技术。在课外体育活动过程中,学生在教师的指导与帮助下,有效地运用课上所学的体育知识和运动技术提高运动技能,锻炼身体。体育课堂教学应充分发挥教师的主导性,激发学生体育学习的兴趣,教给学生体育学习方法,提高学生体育学习能力。体育课外活动由体育教师负责组织、管理和指导,激发学生的主体意识,提高学生对体育知识和技能的运用能力。根据体育课内外一体化教学模式的含义,该模式框架设计如图6-1所示。

体育课与课外体育活动形成两条特色鲜明的学校体育教育体系,这两条体系又通过体育教师和学生不同的地位和角色发挥着各自不同的作用,体育课为学生的课外体育活动奠定基础,而课外活动又使体育课的内涵进一步深化。体育课内外一体化模式改变了传统体育教学形式,形成了课堂、课外活动、竞赛活动互动的学习过程。

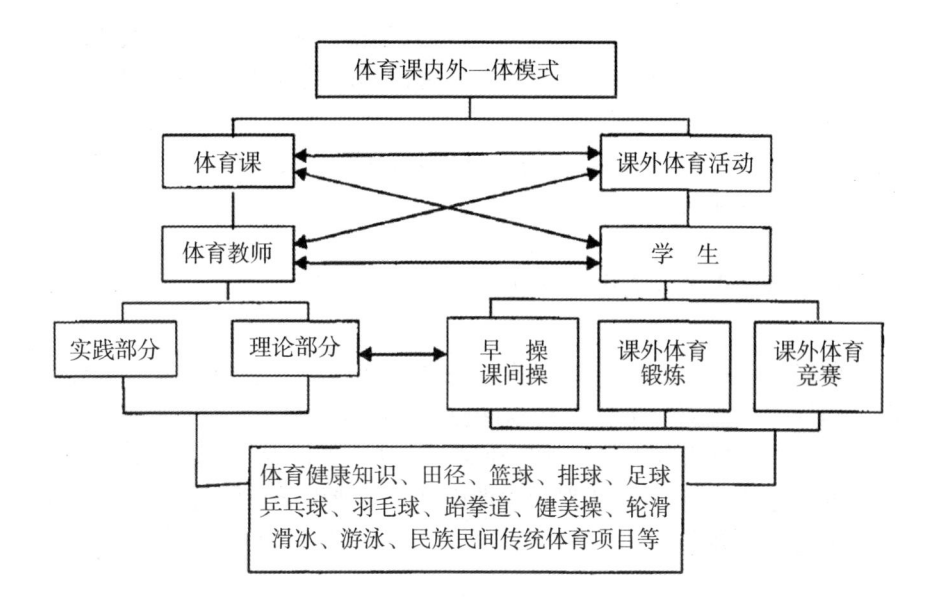

第六章 新时期体育课程教学模式的改革与创新

```
                    ┌──────────────────┐
                    │ 体育课内外一体模式 │
                    └──────────────────┘
                       │           │
              ┌────────┴──┐     ┌──┴──────────┐
              │  体育课   │◄───►│ 课外体育活动 │
              └───────────┘  ╳  └─────────────┘
              ┌───────────┐  ╳  ┌─────────────┐
              │ 体育教师  │◄───►│    学  生    │
              └───────────┘     └─────────────┘
```

图 6-1　体育课内外一体化模式框架[①]

（二）体育课内外一体化教学模式的构建与实施

1. 教育部门从顶层设计上提升一体化教学的地位

构建体育课内外一体化教学模式，需要教育部门深入探索课内外体育一体化的开展机制与考核机制，从顶层设计上提升一体化教学的地位。只有在机制上进行激励，才能使学校管理层及体育教师正确认识课外体育的开展价值，主动探究课内外体育教学内容之间的联结，并有效分割和重点强化教学内容，使课外体育真正成为课堂体育的延伸和补充，实现课内外一体化的教学目的。

2. 建立课堂教学、课外活动、体育竞赛三位一体的互动教学模式

学校体育课时相对较少，课时安排紧张，所以仅通过体育课很难实现体育技能、体育理论及体育价值认知等多个层面的教学，而建立课堂教

---

① 李淑菊.石家庄市区中学体育课内外一体化发展模式探索[D].河北师范大学，2009：114.

学、课外活动、体育竞赛三位一体的互动教学模式能够延伸课堂教学的时间与空间,通过体育课内教学与课外体育活动的结合,学生在课堂上可进行体育理论和技能学习,将学习内容的巩固放在课外,并通过竞赛形式激发学生的参与意愿,增强学生的学习兴趣和能力,为贯彻"终身体育"的教育宗旨奠定基础。

3.构建课内外双向考核机制

良好的考核机制是促进课内外一体化教学模式有效实施的重要手段。构建课内外双向考核机制,对提升体育教学的活力与发展动力非常有利。双向考核机制不仅包含教师对学生课内外体育兴趣、运动能力、综合素养的考核,还包含学生对教师课内外教学或引导手段的评价,最终满足学生的学习诉求。

二、体育线上线下混合式教学模式

(一)体育线上线下混合式教学模式的含义

体育线上线下混合式教学模式是为了更好地完成教学目标,在人本主义学习理论和建构主义学习理论的指导下,基于线上工具和平台,主要包括课程网络管理平台、音视频实时交互工具、文件上传平台、即时通信工具,以信息技术为手段,对教学资源进行整合和优化,将线上和线下的教学环境、教学时间、教学空间、教学方式、教学评价等进行混合,通过线上的直播、录播、慕课、文字加音频、线上互动研讨和线下面对面的课堂教学等多样的形式进行师生之间的交流互动,使学生掌握学习内容的教学活动程序。该模式具有指向性、操作性、完整性、稳定性、灵活性等特点。

(二)体育线上线下混合式教学模式的构建

教学模式的结构包括理论依据、教学目标、实现条件、操作程序和教学评价五个要素,它们相互组合在一起进行运作,基于这五大要素构建体育线上线下混合式教学模式,如图6-2所示。

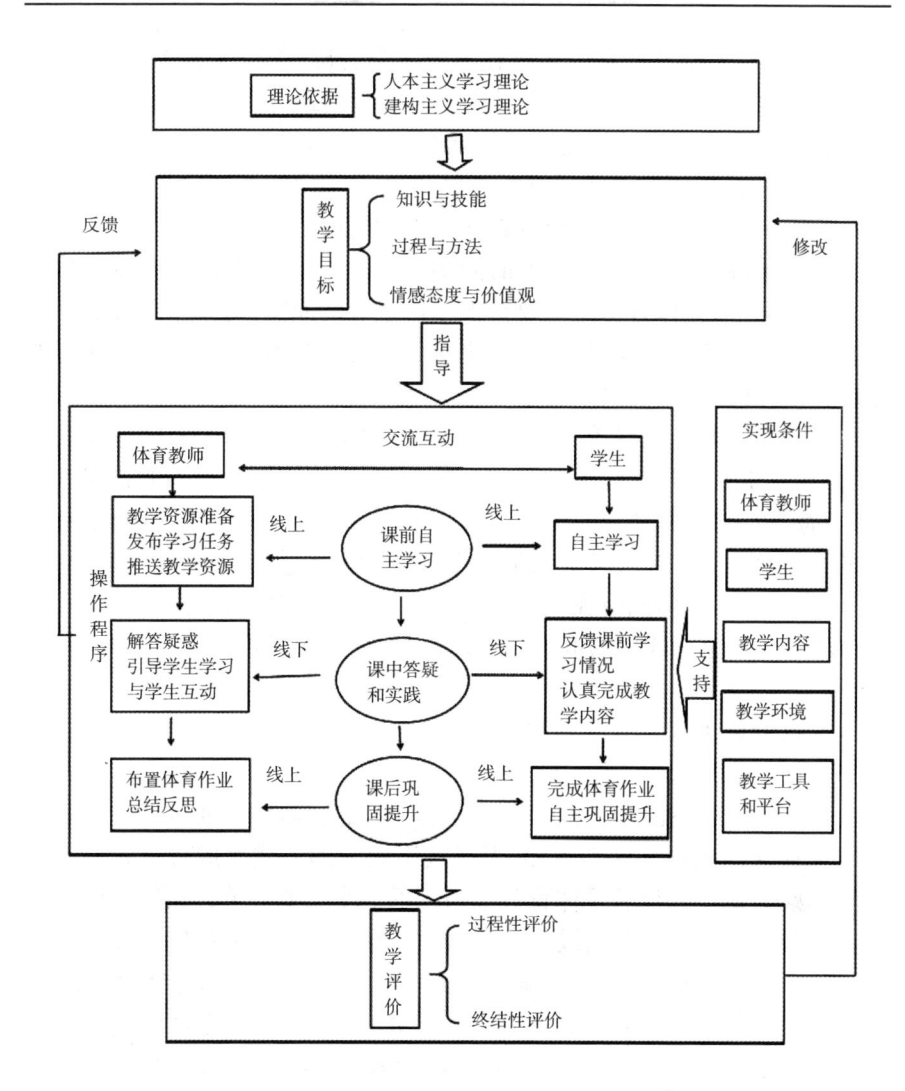

第六章　新时期体育课程教学模式的改革与创新

图 6-2　体育线上线下混合式教学模式 ①

（三）体育线上线下混合式教学模式的应用

1. 合理分配线上线下教学时间

体育教学具有鲜明的实践性，体育实践课几乎都在室外操场或室内

---

① 冯川. 初中体育线上线下混合式教学模式研究 [D]. 阜阳师范大学,2022：44.

运动馆进行,无论是在室内还是在室外教学,都属于线下教学,也就是以课堂教学为主。线上教学是线下教学的辅助模式,比如在开始线下教学之前让学生利用多媒体设备进行课前学习,总结学生的问题,然后在线下教学时集中处理问题。在线下教学结束之后,也可以再次利用多媒体课件补充资料,以拓展或完善课堂教学,弥补课堂教学的不足。

相对来说,线下教学占用的时间多一些,线下教学时间以学校安排的体育学时为准,在体育课堂上要贯彻精讲多练的原则,为学生掌握运动技能提供充足的练习时间,使学生有更多的机会去学习和体验,这样体育课堂的作用才能够得到充分发挥。

线上教学时间虽然较少,但更为灵活,学生可以在课余时间完成线上学习,在学生自主进行线上学习的过程中,可以先将学生遇到的普遍性问题进行汇总,然后由体育教师在课堂教学中集中指导和解答,针对个别学生的个别问题,可以在课堂上学生自主练习环节为其提供指导与帮助。此外,当学生与教师同时在线时,学生也可以在线提问,教师实时解答,这样可以节约课堂教学的时间,将更多的时间留给重难点教学内容。

2. 做好线上线下教学的衔接

关于线上线下混合式教学模式,我们可以这样理解,通过线上学习的方式完成课前预习和课后巩固,通过线下教学的方式完成最重要的课中教学。课前、课中和课后是体育教学组织的三个重要环节,三者相互联系、密不可分。学生在课前以线上学习的方式预习将要学习的体育知识与技能,课中教师在课堂上进行讲解、示范教学,同时也要结合学生课前线上预习的实际情况来安排与调整课中教学进度,在课堂上重点解决学生遇到的重难点问题。课后的巩固与延伸也是通过线上完成的,具体需要巩固哪些内容,在哪些方面需要延伸,要根据课中教学情况而定。线上的课前预习、课后巩固都与线下的课中教学内容息息相关,这样线上教学才更具有针对性和目的性。总之,线上线下混合式教学并不是随便将线上教学与线下教学拼凑在一起,而是根据教学目标将二者合理衔接起来,使二者相互作用、相辅相成,从而提升教学效果。

3. 提高体育教师制作线上教学资源的能力

在采用线上线下混合式教学模式时,体育教师要做好备课环节的工作,无论下节课要讲授体育理论知识,还是传授体育运动技能,体育教师都需要备课,搜集相关资料,根据教学目标、学生情况等,进一步加工制作这些搜集的资料,经过加工的资料更加有条理,重难点内容也更明确,能够为学生课前预习、课中学习和课后巩固提供指导。体育教师要具备一定的线上教学资源制作能力,要善于从学生的兴趣爱好出发制作线上教学资源,并能将重难点内容充分融入线上教学资源体系中,提升学生自主学习的积极性,使学生通过有效的课前预习对重难点内容有一定的了解。因此,在体育教师信息化教学能力的培养中,线上教学资源制作能力的培养绝对不可忽视。

4. 提高体育教师与学生的信息技术运用能力

在体育线上线下混合式教学模式中,线下教学基本就是面对面教学,线上教学主要是借助电子设备和网络去完成。在线上教学中,教师和学生分别在网络的两端,教师要善于操作网络电子教学设备,为学生传输准确的教学信息,确保学生能够顺利获取信息,这对体育教师的信息技术运用能力提出了一定的要求。例如,进行体育直播教学、为学生推送教学资源、检查学生的课后巩固学习情况等,都需要体育教师熟练操作信息技术。同样,在网络另一端的学生也要学会熟练运用电子学习设备,利用信息技术手段获取自己需要的学习资源。只有体育教师和学生都具备良好的信息技术运用能力,线上教学才能顺利进行,教学效率和效果才能有所保障,线上教学才能充分发挥作用,从而更好地服务于线下教学。

第四节　文化传承——探索传统体育教学模式

一、教育对传统体育文化传承的意义

(一)教育是传统体育文化传承的"基石"

在传统体育文化传承中,教育是"基石",这是毋庸置疑的。教育在促进传统体育文化传承方面的作用是其他传承方式不可替代的。传统体育文化的延续、创新都离不开教育,在传统体育文化的发展与演变历史

中，教育作为不可缺少的条件与环节从未缺席过。概括而言，传统体育文化的延续主要有以下两种方式。

第一，运用各种符号（如语言、文字）加以记录和实物保存，利用这种方式来传承传统体育文化，主要是借助物质载体来将传统体育文化成果客观化和外在化。例如，武术的兵器、书籍、拳种技术等就属于以这种方式延续下来的。

第二，以个体的行为方式加以延续与传承。这种文化延续方式需要人参与才能发挥作用。比如，武德、武术文化内涵以及武者的精神品质等都需要人类通过自身行为方式来传承。也就是说，习武人的行为方式、思维方式能够反映出武德、武术精神和武术内涵。习武人能达到这样的境界，与教育有很大的关系。

传统体育文化的延续离不开教育，同样，传统体育文化的更新与创新也离不开教育。如果没有人去学习传统体育文化，不在实践中运用传统体育文化，那么传统体育文化的再造能力和创新发展能力就无法提升。中国传统体育文化尤其是中国武术博大精深，但它也有一些消极落后的文化因素，这就需要通过教育去教人们辨别精华与糟粕，引导人们正确认识传统体育文化，形成科学的发展观。在传统体育文化教育中，要根据现代社会的需要对传统体育传承模式、体制等进行更新与完善，并不断树立科学的、适应时代需求的传统体育教育观，从而在保留文化精髓、继承文化遗产的同时，推动传统体育文化向新时代跨越，形成既具有传统文化特征，又具有时代特征的传统体育文化体系，这是文化强国建设赋予传统体育教育的重要使命。

今天，全民健身运动在全国范围内广泛开展，学校体育在全民健身发展中发挥着重要作用，而传统体育又是学校体育的重要组成部分之一，借助全民健身的东风，学校传统体育教育的发展也逐渐受到重视，其在传承传统体育文化方面的作用将得到进一步的发挥。

（二）学校是传统体育文化传承的"主战场"

学校是传播知识、创造知识的重要场所，教师是教书育人的主体，肩负传播文化知识的重任。传统体育授课教师的职责不仅是传授传统体育知识与技能，还包括对中国传统体育文化的弘扬与传播。学生通过文化学习，不断积累知识，认知水平不断提升，也有利于他们更好地理解武术文化，进而传承传统体育文化。学校是中国传统体育文化传承的主阵地，

第六章　新时期体育课程教学模式的改革与创新

学校教育是传统体育文化传播与弘扬的有效途径。文化教育在历代一直很受重视,培育学生的身体素质与运动素质在一定程度上也是受重视的。传统体育是具有中华民族文化特色的一种特殊的形式,它既能使人强身健体,又能培养人的道德、智力和审美素养,促进人的全面发展。可见,传统体育在塑造个性、促进全面发展等方面具有重要意义,它的社会文化教育功能是其他文化形式不可替代的。

将学校作为传承传统体育文化、重塑传统体育形象的"主战场",是传统体育文化本土传承的要求。传承传统体育文化,使其弘扬海内外,要从青少年抓起,青少年的成长离不开学校教育,因而对青少年传统体育文化素养的培育也要以学校教育为手段。我国青少年儿童是一个庞大的群体,在各级各类学校中,面向这一庞大的群体广泛传承传统体育,能够提升传统体育传播的效率和传承的质量。

二、文化传承视域下体育教学模式的反思

(一)片面追求利益价值

现代体育教学单纯是体育课程的教学,即使是传统体育课程,也难以将修身、和谐等传统体育蕴含的精神文化体现出来。虽然现代体育教学不断强调健康第一、素质教育和全面发展,但在关注学生身心健康的同时忽视了文化层面的体育教育。物质的思想价值对传统体育的思想价值影响颇深,模仿西方体育教育的学校更是追求竞技利益,甚至用竞技体育项目取代蕴含浓厚中华民族色彩的传统体育。在开展传统体育课程的学校,在传统体育教学中有时也会因利益欲望的驱使而导致传统体育教学精神被"物质化"和"价值化"。

(二)人文知识教育的缺失

传统文化的传承离不开人文知识教育,在体育教学中如果只是强调技术层面的教学,忽视文化教育,那么体育文化的传承将会受到限制。技术和文化之间形成了一种类似辩证的关系,二者密不可分。从广义的层面来看,人们利用身体完成技术动作也可以被视作一种文化现象,即体育行为文化。文化的发展离不开技术的支撑,技术的发展也离不开文化的指引，技术与文化相互结合、相辅相成。简单做动作或模仿并不等于真正掌握了技术，掌握技术的过程还需要文化的指引，在此基础上实现精进与升华。单纯讲述理论也不是真正的文化教育，还需要结合实际应用。在体育教学中如果只追求表面技能的提高，忽视文化知识的教育，学生就无法理解各个体育项目的文化背景和历史意蕴，这必将影响体育教学的综合效果。

三、文化传承视域下体育教学模式的改革

（一）构建文化传承的教学模式

在体育教学中传承多元文化是非常重要的。尤其是在民族体育教学中要传承一些传统体育文化，使学生理解体育现象背后的文化内涵和历史底蕴。技术传承服务于文化传承，技术学习是文化传承的常见方式之一。作为体育文化传承的一个主要载体，技术的学习有着深刻的意义，能够以形象的肢体语言生动地表现背后的文化内涵。传统体育的肢体表达（动作学练）与文化传承必须结合在一起，否则学生所学的传统体育便没有了"灵魂"。以武术教学为例，如果只是机械地模仿动作，忽视了文化传承，那么武术就失去了"精气神"，这不是真正意义上的中国武术。所以，在体育课程教学中要构建文化传承的教学模式，不仅要丰富传统体育教学内容，还要传递体育精神文化。

（二）改革传统体育教学理念

在文化传承视角下进行传统体育教学，要确立循序渐进的教学理念。一些学校虽然开设了民族传统体育课程，但是因为教学任务重，为了尽快完成教学任务和达成教学目标，便将课程积压起来连续教学。但对学生来说，民族传统体育项目不像球类运动那样熟悉，学生对这类项目缺乏了解，甚至有的项目学生之前从未接触过。在这种情况下如果无视学生的基础水平和接受能力，一味高密度输出，密集安排民族传统体育教学，就会影响学生的学习兴趣和自信心。而且高频率教学，只能传授一些浅显的理论知识，教一些技术动作，但对民族传统体育蕴含的文化精神则很难准确传递和深刻内化，不利于学生掌握民族传统体育的文化内涵，也无法

第六章　新时期体育课程教学模式的改革与创新

受到文化精神的熏陶和滋养,这将导致传统体育教学效果大打折扣。因此,传统体育教学要循序渐进地开展,要稳步推进,要将知识讲解、文化传递以及技术教学结合起来,全面提升学生的民族体育运动能力和精神素养。

参考文献

[1] 耿剑峰. 创新教育理念下的体育课程建设与教学管理研究 [M]. 北京：新华出版社, 2020.

[2] 李秀奇, 姜文晋, 唐晶. 新课标下学校体育课程建设与发展研究 [M]. 徐州：中国矿业大学出版社, 2018.

[3] 王燕. 多学科理论下学校体育课程体系的建设与发展研究 [M]. 北京：中国书籍出版社, 2019.

[4] 田庆柱. 新媒体视域下体育教学模式创新研究 [M]. 长春：吉林大学出版社, 2020.

[5] 梁田. 高校民族传统体育教学模式的创新性研究 [M]. 长春：吉林人民出版社, 2020.

[6] 李鑫, 王园悦, 秦丽. 体育文化建设与高校体育教学模式研究 [M]. 北京：中国纺织出版社, 2019.

[7] 胡建文. 信息技术与高效体育教学模式融合研究 [M]. 长春：吉林出版集团股份有限公司, 2021.

[8] 赵元罡. 高校体育课程设计研究 [M]. 延吉：延边大学出版社, 2018.

[9] 朱伟强. 基于标准的体育课程设计 [M]. 北京：北京体育大学出版社, 2008.

[10] 李鹤洲. 体育课程设计与改革 [M]. 北京：中国商业出版社, 2012.

[11] 王皋华. 体育新课程设计 [M]. 北京：高等教育出版社, 2003.

[12] 王德平. 新课程教学设计——体育 [M]. 大连：辽宁师范大学出版社, 2002.

[13] 邵伟德. 体育教学模式论 [M]. 北京：北京体育大学出版社, 2005.

[14] 杨雪芹, 张晖. 游戏化体育教学模式 [M]. 北京：人民体育出版社, 2007.

[15] 任翔, 张通, 刘征. 高校体育教学模式创新研究与实践 [M]. 沈阳：

辽宁人民出版社,2023.

[16] 李国泰.体育课程组织形式及其教学模式论[M].重庆：重庆大学出版社,2005.

[17] 曾晓梅.项目驱动教学模式在田径技术教学中的实践研究[D].江西师范大学,2015.

[18] 沈锋.基于学科核心素养的体育课程设计策略研究[J].青少年体育,2022（08）：95-97.

[19] 贺新家.基于学科核心素养的大学体育课程设计研究[D].武汉体育学院,2022.

[20] 栗双双.体育学科核心素养视域下中学体育与健康课程设计[D].哈尔滨体育学院,2022.

[21] 尚力沛,程传银.核心素养、体育核心素养与体育学科核心素养：概念、构成及关系[J].体育文化导刊,2017（10）：130-134.

[22] 赵富学,程传银,储志东.体育学科核心素养研究的国际经验与启示[J].体育学刊,2019,26（01）：89-100.

[23] 林崇德.21世纪学生发展核心素养研究[J].教育科学论坛,2016（20）：24.

[24] 辛涛,贾瑜.核心素养落地的几个关键问题[J].教育与教学研究,2019,33（07）：1-9.

[25] 钟启泉.核心素养十讲[J].人民教育,2018（23）：80.

[26] 张华.核心素养视角下高中英语阅读教学的思考[J].西部素质教育,2019,5（12）：67.

[27] 季浏,钟秉枢.普通高中体育与健康课程标准(2017年版)[M].北京：高等教育出版社,2018.

[28] 阎智力.普通高中体育与健康课程目标体系研究[J].体育学刊,2021,28（05）：14-22.

[29] 于素梅.学生体育学科核心素养培育应把握的关键与有效策略[J].体育学刊,2017,24（06）：84-88.

[30] 姜勇,王梓乔.对体育与健康学科核心素养内涵特征与构成的研究[J].中国学校体育(高等教育),2016,3（10）：39-43.

[31] 黄大海.体育教学评价系统分析与智能评价系统设计[D].曲阜师范大学,2002.

[32] 胡小军.高职院校体育教学智能评价系统设计[J].才智,2018（30）：111.

[33] 王慧霞,胡小浪.重构高校体育教学模式的探讨[J].南昌高专学

报,2006（01）:70-71.

[34] 葛新.新课标背景下体育教学模式的重构与超越[J].军事体育进修学院学报,2011,30（03）:104-106.

[35] 张伟华.刍议中学体育课堂教学模式的改革[J].运动,2018(12):73-74.

[36] 董有为.翻转课堂下的体育教学模式改革[J].冰雪体育创新研究,2021（14）:45-46.

[37] 朱广胜.体育合作学习教学模式的构建[J].教育教学论坛,2014（29）:178-179+175.

[38] 李传举.大学体育合作教学模式探究分析[J].改革与开放,2012（04）:146+148.

[39] 刘明.合作教学模式在我国高校体育教学中的运用及反思[J].湖南科技学院学报,2018,39（05）:125-126+129.

[40] 史晨.朋辈教育对构建高校校园体育文化的影响[J].当代体育科技,2018,8（11）:71-72.

[41] 李淑菊.石家庄市区中学体育课内外一体化发展模式探索[D].河北师范大学,2009.

[42] 周宇斌.高校体育课内外一体化教学模式实践研究[D].武汉工程大学,2017.

[43] 梁方梅,薄晓仕.线上线下混合教学模式在高校体育教学中的应用研究[J].武当,2020（10）:81-82.

[44] 杨欢,衣刚,潘宏伟.线上线下混合教学模式在高校体育教学中的应用研究[J].拳击与格斗,2023（07）:109-111.

[45] 冯川.初中体育线上线下混合式教学模式研究[D].阜阳师范大学,2022.

[46] 蔺新茂,毛振明.体育课程教学内容论[M].北京:北京体育大学出版社,2014.

[47] 张振华.体育教学理论与方法[M].北京:北京师范大学出版社,2016.

[48] 黄城昊.湖南省大学公共体育课程思政建设研究[D].湖南工业大学,2022.

[49] 陈晓雪."立德树人"视域下大学体育课程思政建设研究[D].湖南工业大学,2022.

[50] 李文高.教学设计的新领域:信息化教学设计[M].昆明:云南大学出版社,2013.

[51] 蒋立兵,易名农.现代体育教育技术[M].武汉:中国地质大学出版社,2012.

[52] 阿英嘎.信息技术与体育教育专业课程整合[M].南京:南京师范大学出版社,2010.